国家社科基金重大项目"日本对华精神侵略民间史料收集、整理与研究"（17ZDA206）阶段性研究成果

| 博士生导师学术文库 |

A Library of Academics by
Ph.D.Supervisors

甲午战争期间日本民间的
战争认知研究

———·———

王玉强 李 广 著

光明日报出版社

图书在版编目（CIP）数据

甲午战争期间日本民间的战争认知研究 / 王玉强，
李广著 . -- 北京：光明日报出版社，2022.3

ISBN 978-7-5194-6526-1

Ⅰ.①甲… Ⅱ.①王… ②李… Ⅲ.①中日甲午战争
—研究 Ⅳ.① K256.307

中国版本图书馆 CIP 数据核字（2022）第 063821 号

甲午战争期间日本民间的战争认知研究

JIAWU ZHANZHENG QIJIAN RIBEN MINJIAN DE ZHANZHENG RENZHI YANJIU

著　　者：王玉强　李　广

责任编辑：李壬杰　　　　　　责任校对：张月月
封面设计：一站出版网　　　　责任印制：曹　净

出版发行：光明日报出版社
地　　址：北京市西城区永安路 106 号，100050
电　　话：010-63169890（咨询），010-63131930（邮购）
传　　真：010-63131930
网　　址：http://book.gmw.cn
E - mail：gmrbcbs@gmw.cn
法律顾问：北京市兰台律师事务所龚柳方律师

印　　刷：三河市华东印刷有限公司
装　　订：三河市华东印刷有限公司
本书如有破损、缺页、装订错误，请与本社联系调换，电话：010-63131930

开　　本：170mm×240mm
字　　数：167 千字　　　　　印　　张：12
版　　次：2022 年 3 月第 1 版　印　　次：2022 年 3 月第 1 次印刷
书　　号：ISBN 978-7-5194-6526-1

定　　价：85.00 元

目 录
CONTENTS

第一章　绪论 ……………………………………………………………… 001

　第一节　文明与暴力的明治时代 ……………………………………… 001

　　一、"国民的战争" ………………………………………………… 001

　　二、民间传媒与近代日本国民的形成 …………………………… 002

　第二节　日本民间的战争认知与战争审美 ………………………… 005

　　一、稀少而稀薄的反思反战言论 ………………………………… 005

　　二、日本新闻和出版界的战争认知与战争审美 ……………… 011

第二章　新闻报道的偏差呈现与政治叙事 ……………………… 015

　第一节　甲午战前日本新闻的对清开战论 ……………………… 016

　　一、金玉均暗杀事件与对清国开战论 …………………………… 016

　　二、东学党起义与日本新闻的开战动员 ……………………… 027

　　三、明治政府出兵朝鲜 …………………………………………… 031

　　四、朝鲜"内政改革"与对清开战论 ………………………… 035

　第二节　战争期间日本新闻报道中的战斗叙事 ………………… 044

　　一、被丑化的清国清军 …………………………………………… 044

　　二、塑造"慷慨赴死""义勇奉公"日军"英雄"形象 ……… 050

　　三、战胜与占领 …………………………………………………… 055

　第三节　战争期间社会新闻报道影响下的战争动员 ………… 068

　　一、民间"义勇军"和军资献纳运动 ………………………… 068

二、社会新闻中呈现的"同仇敌忾" ·································· 074

三、庆祝战争胜利 ··· 079

第三章　画家久保田的战争叙事与战争审美 ·················· 084

第一节　异国山川的艺术视角 ························· 088

第二节　日本国战争的视角 ························· 103

第三节　日本国战争视角的进一步强化 ············· 111

第四章　想象与失真：民间锦绘的战争审美 ················ 127

第一节　日本民间锦绘的流行 ··················· 128

一、锦绘新闻 ································· 128

二、甲午战争期间锦绘的流行 ··············· 130

第二节　民间锦绘的战争审美 ··················· 139

一、鲜艳与绚丽的色彩 ····················· 139

二、日本国象征：日章旗旭日旗 ············· 142

三、日军战斗"英雄"与日军群体的"英雄式"战斗 ···· 146

四、战胜 ································· 151

第三节　民间锦绘的战争审丑 ··················· 154

一、对清国清军的嘲讽 ····················· 154

二、娱乐式审丑 ····························· 158

结　论 ······································· 172

参考文献 ··· 175

后　记 ··· 182

第一章

绪论

第一节　文明与暴力的明治时代

一、"国民的战争"

在本课题国家社科基金重大项目"日本对华精神侵略民间史料收集、整理与研究"（17ZDA206）前期申请阶段和部署具体子课题研究阶段，课题首席专家李广教授就提出希望本课题的研究能够有别于一般的历史研究，将日本侵华的研究重心从日本首相、外务省和以军部为中心的官方决策过程下沉到民间层面上，即耐心地回答这样一个问题：为什么一般日本民众对日本政府所发动的扩张战争积极支持并参与其中呢？为了回答这个问题，本书试着先从基本史实以及相关关键因素进行梳理。

从基本史实来看，明治维新后，明治政府对内参照西方的近代文明标准迅速将日本变成一个近代国家。但在对外上，明治政府建立后就开始进行侵略扩张，比如1868年谋划"征韩论"、1874年侵略中国台湾、1876年逼迫朝鲜签订不平等的《江华岛条约》、1879年吞并琉球、1894年发动甲午战争以及1904年发动日俄战争等。可以说，明治时代的日本尽管作为一个国家逐渐符合近代文明国家的标准，但随着其近代化程度的加深，明治时代的日本对外侵略扩张范围也愈加扩大，扩张野心也愈加膨胀。因此对外呈现出的战争暴力也是日本明治时代的基本特征。

明治时代日本所呈现出的近代文明与暴力并存且关联的显著特征，无疑是理解日本近现代史的关键所在，因此不论是日本学界还是各国学界都对此开展了大量的研究。日本马克思主义学界和中国学界一般将日本明治维新以来的对外侵略扩张行为，归结为日本军国主义使然。在这些研究中，研究者们尤为关注明治维新后所建立的以天皇制为中心的政治经济体制，以及更为具体的日本外务省和日本军部在日本走向军国主义中发挥的作用。因这种研究方法具有广泛的史实依据和强大的解释力，所以至今仍是研究和理解日本明治时代的基本范式。这种研究将其研究对象集中于明治政府所代表的官方层面，着重探究天皇制、军部、官僚以及资本家所构成的日本统治阶级，在推动日本走向日军军国主义中的作用以及责任。而将日本工人阶级和农民阶级等构成的一般日本民众视为被剥削的对象，以及天皇制和日本帝国主义的反对力量。但这种研究视角的疏漏之处也很明显，那就是很少去关注和探究日本民众在日本对外扩张战争中发挥的作用。

那么，日本民众在明治政府发动的对外扩张战争中发挥了哪些作用呢？是否存在着超越各自身份、地域、职业、阶级的差异，以共同的身份支持与参与明治政府对外发动的战争呢？与东亚各国学界认为明治维新建立以后就开展对外扩张战争不同的是，日本学界将甲午战争（日本称为日清战争）视为日本第一场对外战争。由于这场战争得到日本民众的支持与参与，因此日清战争被日本学界视为"国民的战争"。[①] 此后的日俄战争也被视为"国民的战争"。明确这一基本史实之后，不禁发问，究竟是什么关键因素或者结构性力量让日本民众共同以"国民"身份支持和参与明治政府发动的甲午战争呢？

二、民间传媒与近代日本国民的形成

反思这些支持和参与甲午战争的日本民众的构成，发现并不是哪种职业、地域出身和阶级等社会身份在起作用，而是超越这些社会身份共同地以日本国民这一抽象的政治身份，实际地参与和支持日本国（明治政府）发动的对外扩张战争。那么日本民众的这种国民身份如何被塑造和构建出

---

① 民衆を「国民」とした近代日本の原型 [N]. 日本経済新聞，2014-08-25.

来的呢？

与依照职业、地域以及阶级等社会身份可以容易地对日本民众进行分类相比，将社会身份各异的日本民众整体建构为日本国民并使其认同这一政治身份要困难得多。比如，在幕末时期，尽管这时日本处于民族危机之中，但日本民众并没有作为共同的日本国民身份的自觉和主动诉求。相反，这时期的日本民众仍然习惯以各种差异性的社会身份存在。1864年当英法美荷四国联合舰队炮轰下关之时，隔海相对的小仓藩对此袖手旁观，就连长州藩内部也只有武士在进行抵抗，而民众则登上山丘观看，甚至为登陆后的英国海军提供热水和茶叶，还帮助他们搬运缴获的战利品——旧式大炮。

只有在明治维新后，近代意义上的日本国民身份认同才开始形成。近代日本国民身份认同的形成是明治政府和日本民间力量共同发挥作用的结果。山室信一指出，近代日本国民的形成有其独特的特征，即与欧洲国家先建立国家然后形成国民不同的是，日本作为岛国在形成国民上要比通过立宪制建立国家容易。这其中明治政府官僚专注于建立近代国家制度，而在塑造和构建近代国民上是由启蒙思想家，自由民权家，地方的地主、富农等民间力量自觉发挥作用，通过自发结社、举行学习会和讲演会、发行新闻杂志、设置图书馆和集会馆，最后甚至能够使目不识丁的日本民众了解政治法律为何物、知晓日本国家为何物和日本国家所处的国际社会形势。[1]

如山室信一所述，在日本国民的形成上，日本民间力量起到非常大的作用。这其中正是由于近代民间传媒不断向日本民众宣传明治维新以后日本国家的政治以及日本所处的国际形势，受此影响原本具有多样社会身份的日本民众开始向统一的日本国民身份认同转变。从此作为日本国民的民众一改对日本国内外事务漠不关心的旧态，情感上开始与日本国家一体，

---

① 山室信一. 近代日本における国民国家形成の諸相 [J]. 法制史研究, 1984 (34): 12.

甚至能对日本国家的内外事务主动表达诉求。需要强调的是，推动日本国民身份形成的各种传媒并不是指明治政府的官办报社或者御用报社，相反在塑造和构建日本国民身份上发挥作用的主要报社都是民间组织，是民间力量的重要组成部分。

另外，虽然日本在国民身份认同的形成上是由民间传媒等力量推动的，但在近代法学或者政治学意义的个体意义上国民身份的建构并不充分。在日本民族危机态势下所引发的日本民间舆论，与其说是以国民为中心，还不如说是以日本国家为中心，各种民间力量的评论和议题设置也是围绕日本国家和日本所处国际形势等进行价值判断，并在行动上推动和引导日本国民与抽象的日本国家形成"官民一致""举国一体"。

上述文明和对外战争暴力是明治时代的基本特征，明治时代很多事物都可视为呈现这种文明和暴力特征的具体形态。其中，近代日本民间传媒对内塑造和构建日本国民身份认同的形成，是日本有别于当时亚洲其他国家的近代文明的体现，但在对外认知上近代日本民间传媒同样会利用其影响力以此推动和引导日本民众，使之成为日本（明治政府）发动对外战争的支持者和参与者。

在甲午战争爆发前，社会身份各异的日本民众已经集体具有国民身份认同，其对日本对外事务有兴趣也有主动参与的诉求，但日本民众对即将到来的日清开战充满恐慌。在日本社会笼罩着各种日本将与中国冲突乃至开战的浓厚氛围下，被征兵的日本民众，担心日本失败，担心自己会战死，所以借酒消愁、终日不安者比比皆是。依照居住在东京浅草的长谷川万次郎的日记记载，日军士兵频繁在东京市区寻衅滋事，尤其是在浅草公园里。某个周日，一群士兵在鲜花店闹事被带到派出所，为了帮助这些闹事的士兵获释，其他士兵甚至包围了派出所。① 但甲午战争爆发后，上述日本民众对战争的恐慌、对杀戮的本能抗拒等真实的感知和情绪不再出

---

① 大濱徹也. 庶民のみた日清戦争・日露戦争——帝国への歩み [M]. 東京：刀水書房，2003：20.

现。甲午战争爆发后，日本新闻界和出版界所构建和呈现的战争认知直接渗透进日本民众的理智和情感之中，使之"自觉""义勇奉公"地成为明治政府发动扩张战争的支持者和参与者。

第二节 日本民间的战争认知与战争审美

一、稀少而稀薄的反思反战言论

就甲午战争而言，当时的日本记者和文人几乎都支持日本与清国开战，很少有对这场战争进行反思和反战的言论。这导致甲午战争期间日本民间传媒对于战争的认知就等同于支持和美化战争，随之这种战争认知直接渗透给日本民众使其"自觉"成为日本国（明治政府）发动战争的支持者和参与者。

这其中有很多文人和记者站在明治政府立场上主张对清开战发动扩张战争，最具代表性的人物就是福泽谕吉。福泽谕吉是甲午战争"义战论"的重要构建者。1894年7月29日，日清开战以后，福泽谕吉迅速在《时事新报》发表《日清战争乃文明对野蛮的战争》。"日清两国于朝鲜海丰岛附近展开之海战我军获得了大胜利，昨日已以号外形式向读者报道。就此次纠葛日本政府注意又注意，唯愿以和平终结是不争之事实，世间不该有不知自身地位、不解物之道理般恐怖者。然彼清国人不量自身力量强弱，粗暴地推行不合道理之事且毫无悚惧，才不得已至今日之局面，开战第一场我军就取得胜利之荣耀。我辈接此消息并未不由自主惊喜、疯狂不已。虽然首战我军之胜利本是值得庆祝之日本国大荣耀，但我军人之勇武加持世界文明之兵器，对阵彼腐败国之腐败军，胜负之数明明白白，恰若与以日本刀割杂草无异，所触之及没有不为之倾倒者，此乃寻常之事并不值得吃惊。与预想稍不同之处，唯日本军人之勇武，文明武器之利，本非侥幸之事。日清战争于世界之表面展开，文明世界之民众将会如何看待呢？战争之事实虽是日清两国之间发生的，但若究其根源此乃谋求文明开化之进步者与妨碍其进步者之间的战争，绝非两国间之纷争。本来日本国人对清国人并无私怨，也无敌意。仅将其视为世界之一国民，与之进行人类社会普通之交往，奈何，其冥顽不灵不懂普通之道理，因其不仅见文明开化不悦，反而表现出欲粗暴妨碍其进步且反抗我之意，不得已至此局面。也就是说日本人眼中并无清国人、清国。日本只以世界文明之进步为目的，妨碍此目的的都要打倒，这不仅是人与人、国与国之间的事，也可视为一种宗教纷争。假若文明世界之人们，说起此事情之是非曲直能够二话不说表达对我目的之同意，我辈对此绝不犹疑。此次海上战争我军胜利捕获一艘军舰，打倒一千五百人左右的清兵。想必陆上之牙山既已开战也会杀尽彼国之屯驻兵吧。总之，彼政府之举动，几千清兵都成为因此被杀的无辜人民着实可怜，为世界之文明进步排除妨害之物多少有些煞风景，但终究不可避免，他们之不幸是出生在清国这样的腐败政府之下，其命运之拙只能由其自身谛悟了。如果清国人能通过此次失败悔悟，对文明之势力心生敬畏而自改前非，从而一扫四百余州腐云败雾，仰文明日新之余光，多少损失也是不值一提的，甚至其该向文明之诱导者日本国人，三拜九叩感谢其恩。我辈无比希望清国人早日自我觉悟，悛改其非。"①

　　但也有很多记者并非是站在明治政府的立场上去支持这场战争，比如，在近代日本极具影响力的德富苏峰就将日本民众参与和支持明治政府发动的扩张战争视为日本国民"自觉"的结果。"将1894—1895年的日清战争，称之为日本国民的帝国的自觉时期并不过分。日本国民二十多年来经过了许多曲折，才从卑微中明白自我。所谓知我，为知我之力，知我之天职也。"②德富苏峰所谓甲午战争爆发后日本国民视对外扩张为"天职"的"自觉"，也是对他自己思想变化的概括。

　　如果从上文所述暴力是明治时代的基本特征来理解的话，德富苏峰

①　福沢諭吉.福沢諭吉全集：第14卷[M].東京：岩波書店，1961：491.
②　德富蘇峰.大正の青年と帝国の前途[M].東京：民友社，1916：238-239.

从平民主义向主张对外扩张帝国主义的剧变并非不可思议。德富苏峰成名较早，被视为取代福泽谕吉、加藤弘之等人的新一代舆论界旗手，其立志成为新闻记者影响民间舆论，为此创办报纸《国民新闻》和杂志《国民之友》。德富苏峰最开始参与自由民权运动就发现所谓自由民权者都是"变形的帝国主义者，或是武力主义者。我虽然是民权论者，但也是彻底反对武力主义者"。于是其提倡平民主义，"对内，确保政权在多数人民的手中，坚持国家为人民实现其生活目的的工具和手段；对外，则通过和平交流，来实现国家的政治目标，正义就是力量"。[①]但在甲午战争前，其依据国民立场批判藩阀政府的思想发生根本性转变。与一般日本文人站在明治政府立场上，以各种评论、著书"合理化"明治政府对外扩张、号召国民支持明治政府对外扩张不同的是，一部分以德富苏峰为代表的日本文人站在日本国民的立场上，构建日本国民为主体的对外扩张论。

1894年7月25日甲午战争爆发，但早在23日德富苏峰就在《国民新闻》发表文章，兴奋地宣扬日本对清国开战是天赐的良机，日本政治家错过此良机，将把国家置于难测祸端中。借此对清国开战，将是书写日本国民对外扩张史的第一页。甲午战争期间，德富苏峰在《国民新闻》《国民之友》发表各种评述，并将其汇集出版《大日本膨胀论》。这些论述虽然多数与甲午战争有关，但其目的却在于论述"日本国民应该扩张的命运，扩张是趋势所在""此次对清战争也是日本对外扩张的一个波澜，是日本维新开国的重要一环"。[②]日本借着与清国开战，除了能够将收缩的日本变为扩张的日本以外，尽管要为战争付出生命财产等代价，但战争还能带来大收获。即东洋成为日本国民扩张的根基，开启扩张的沟渠，排除扩张的障碍，向世界展示扩张的日本，发挥日本扩张的本色，与其他扩张的各国国民处于平等的地位，在世界竞争舞台上进行角逐。对内则巩固国民的统

---

① 松本三之介. 国权与民权的变奏 [M]. 李冬君，译. 北京：东方出版社，2005：94-95，101.

② 德富蘇峰. 大日本膨脹論 [M]. 東京：民友社，1894：19-20.

一，深厚国民的精神，振兴国家积极进取的精神和活动。[①] 对清国开战此举，日本人最初能赢得的最大的战利品就是大日本国民的自信力。具体来说，大日本国民具有恰当的资格可以向世界雄飞，并将此深深刻在日本国民的脑海中。日本国家的扩张来自日本国民的扩张，日本各个国民的扩张来自国民各个精神的扩张。所以日本国民个人脑海里涌入扩张念头，而后则可见日本国的扩张。[②] 上述就是德富苏峰为代表的文人所建构的以日本国民为主体的日本对外扩张论。

德富苏峰所代表的日本文人并不是个例，甲午战争爆发后日本文人或者站在明治政府立场呼吁日本民众支持与参与战争，或者站在日本国民的立场要求日本民众支持与参与战争。与之相对应的是，甲午战争爆发后日本思想界反思战争、反对战争的声音极为稀少和稀薄。以下以日本近代著名思想家内村鉴三为例进行说明。

直到日俄战争爆发前，内村鉴三、幸德秋水、堺立彦、木下尚江等日本文人才明确基于反战的立场呼吁日本民众不要支持明治政府发动对外扩张战争。而在甲午战争爆发前后，几乎没有反战的日本文人，日本文人几乎一致地认为日本对清国开战是"义战"。对于内村鉴三而言，其早在1892年就提出日本"天职论"，即神赋予日本的"天职"就是要帮助旧文明中国"警醒""从事东洋改革"，努力实现"永久和平目的"。[③] 甲午战争爆发后，7月27日内村鉴三随即就在《国民新闻》上发表《征询世界历史论日中关系》，用文明进化视角美化明治政府发动的侵略扩张战争。其提出世界历史中存在着诸如波斯与希腊所代表的旧文明大国和新文明小国之间的战争，而最终代表新文明的小国会战胜旧文明大国，这构成了世界历史的规则。因此，此次甲午战争，日本获胜则代表新文明的胜利，也有

---

① 德富蘇峰.大日本膨脹論[M].東京：民友社，1894：22-24.
② 德富蘇峰.大日本膨脹論[M].東京：民友社，1894：91.
③ 内村鑑三.信仰著作全集：第24卷[M].東京：教文館，1963：25-26.

益于世界文明进步，有利于改变亚洲的落后局面。① 此时内村鉴三与福泽谕吉一样基于"文明对野蛮"视角，认为日本处于"文明"一方，中国处于"野蛮"一方，所以日本发动的甲午战争是符合世界历史进化规则的"义战"。8月11日，内村鉴三用英文发表文章 *"Justification for the Corean War"*，9月3日这篇文章被翻译成日文《甲午战争的正义》发表在《国民之友》上。与上一篇文章强调代表新文明的小国与旧文明大国进行战争是世界历史进化规则不同的是，在这篇文章中，内村鉴三认为日本发动的甲午战争目标是"正义"的："吾人相信甲午战争对日本来说是义战，其正义并非只是法律的正义，道义上亦然是正义……吾人论甲午战争为义战，在战争结束后自会证明。吾人是为帮助贫困的邻邦，吾人的目的既非获利，亦非伤害中国，吾人的目的在于使中国觉醒，使其明白自己的天职，协助吾国从事东亚的改革。吾人战争的目的是为了永久的和平。上帝！请怜悯战争中倒下的战士。"② 虽然都强调甲午战争中日本处于"文明"一方，但不同于福泽谕吉这类论者的是，内村鉴三强调将日本发动战争的目的作为"义战"的标准，这也为其后来其能够反省"义战"埋下伏笔。

甲午战争期间日本思想界基本上是在上述"义战论"框架下去理解战争的，但这些日本文人对"文明""义战"的界定呈现出非事实取向的特征，即战争对外给中国和朝鲜带来的灾难、对内给日本军人带来死亡伤残以及造成民众生活困苦等这些真实情况，不被日本思想界用来重评战争正义与否，仍旧沉醉于日本"文明""义战"等话语循环中。最终只有极为少数的人，比如，内村鉴三慢慢从事实角度判断出明治政府发动战争的目的在于掠夺，从而开始反思其所提出的"义战论"。

内村鉴三并不像福泽谕吉等思想家一样对战争造成的灾难视而不见。甲午战争爆发后，内村鉴三渐渐意识到这场以"文明对野蛮"名义进行的战争越来越具有欺压和掠夺的目的。带着上述疑问，内村鉴三在《国民之

---

① 内村鑑三. 内村鑑三選集：第2卷 [M]. 東京：岩波書店，1990：3.

② 内村鑑三. 内村鑑三選集：第2卷 [M]. 東京：岩波書店，1990：19.

友》发表《甲午战争目的》一文试图警示日本民众。在这篇文章中，内村鉴三怀疑日本发动的甲午战争并不是实现朝鲜的独立，也不是为了帮助中国，而目前只是对中国的惩罚和打击。内村鉴三希望日本发动战争的根本目的应该是实现"和平"，为此需要"帮助"中国，而不是对中国进行强盗式的掠夺。[①] 甲午战争结束后，明治政府企图通过发动战争实现对朝鲜和中国的侵略扩张的本质完全暴露出来。内村鉴三开始对明治政府发动的甲午战争进行反思，在致信好友戴维德·贝尔（David·C. Bell）中，其指出明治政府发动的甲午战争是掠夺，为曾经主张甲午战争是"义战"而感到耻辱。[②] 此后内村鉴三继续发表文章对其以往所主张的甲午战争"义战论"进行反省。但正如其最初用英文发表 "*Justification for the Corean War*" 提出"义战论"支持明治政府一样，1897年内村鉴三再次用英文发表 "*A Retrospect*" 一文，此文发表在当时民间以批判明治政府著称的《万朝报》上。在这篇文章中，内村鉴三坚持战争最初的动机是"高贵"和"义战"，是为了"朝鲜独立"和"中国觉醒"，但"终于欲战"，战争的结果只是对中国进行掠夺而失去正义性。内村鉴三认为将"义战"变为"欲战"的错误是明治政府造成的，并对明治政府大加批判。内村鉴三还认识到应该让明治政府放弃侵占别国领土这一卑鄙目的，以及通过扩军备战实现东亚和平的荒谬逻辑。[③]

直到甲午战争结束后，内村鉴三才完全由"义战"论者变成明治政府发动战争的反思者和批判者。从中可知，与德富苏峰等人近乎众口一词地呼吁日本民众支持战争的浓重言论相比，甲午战争期间日本文人反思战争言论相对稀少和稀薄。与德富苏峰所代表的日本文人主观上通过构建种种战争"合理性""正义性"进而成为对外扩张论者不同的是，一般日本

---

① 内村鑑三. 内村鑑三選集: 第2卷 [M]. 東京: 岩波書店, 1990: 21-22.

② 大濱徹也. 庶民のみた日清戦争·日露戦争——帝国への歩み [M]. 東京: 刀水書房, 2003: 66.

③ 内村鑑三. 内村鑑三選集: 第2卷 [M]. 東京: 岩波書店, 1990: 31-36.

民众不具有这样的能力。日本民众在行动上所呈现出的参与和支持战争的"自觉",不是民众个体的行为,而是依据日本民间传媒的价值判断而产生的集体行动。

在价值判断上,日本记者和文人总体上作为理性能力的拥有者,但却对甲午战争扩张、掠夺乃至杀戮的本质视而不见听而不闻,不能在日本公共舆论中发出反思的声音,这使得后文讲到的日本报纸以及日本出版界以扭曲和虚构方式构建的战争认知无法得到制止,进而使得这种价值判断直接渗透并成为日本民众的战争认知和战争审美。这导致千千万万日本民众,甚至是直接遭受战争伤亡的民众也失去自我感知和描述战争的能力,从而"自觉"接受支持和参与战争的日本国民身份,成为明治政府对外侵略扩张战争的支持者和参与者。

二、日本新闻和出版界的战争认知与战争审美

甲午战争爆发以后,这场战争迅速吸引了日本社会各界的注意力,由此形成了急于了解战争实情实况的巨大和持久需求。关于战争的实情实况,主要在日本军政机构内部上传下达,并不完全向社会公开。因此日本民众了解战争信息的重要渠道是日本的民间报社。甚至在甲午战争爆发以前,日本各个报社就开始了热烈报道,为了吸引民众的注意纷纷推出夸张的"新闻号外"。

1894年7月23日,《时事新报》报道:"新闻号外往往是对社会重大事件的紧急报道,然而随着朝鲜事件发生,原本发行数量很少的号外,如今也有各个报社以'危机一变''局面一变'等为题争相乱发,每天号外不停,早上出晚上出,仿佛没有限制,到市中心大声疾呼贩卖号外的少年数量远远不够,于是出现了专门贩卖号外的人。他们打探整日不停刊发号外的报社,在发行前集结到门前,有的人一下子买一千张两千张,和手下的号外贩共同分配,然后一声号令遣散四处,有的人独自买上几百份尽早卖出,目标直指最繁荣的街道,或乘火车一下子涌到品川那一侧

争先恐后贩卖，一下子获利一千两千是毫不夸张的，对于那些对朝鲜事件急于想听急于想看的帝都居民，将卖两钱的纸张卖作三钱销售，因此一下子赚了不少钱的不在少数，彼时在这艰辛世道上尚不知轻松贩卖就可获利的车夫、搬运工、临时工之徒，纷纷改变职业成为号外贩子，于是号外贩卖无端成为一种特殊的职业，特种职业有特殊的服装，这是约定俗成的，就像军人得有军人的服装，号外贩子以不可否定的风采态度奔走于东京各个街道，叫嚷着'号外号外，局面一变之号外，危机一变之号外，时事新报第二大号外'，总之这也被视为近来新闻业发达的一个现象。"[1]甲午战争爆发以后，为了满足日本民众了解战争实情实况的需求，日本主要报社纷纷组织由记者、摄影师和画家组成多达193名的特派员前往战场。[2] 因此，一方面日本民众对于了解战争实情实况的需要由民间报社的报道予以满足，另一方面日本各报社通过对战争的描述和评论所构建的战争认知就这样直接渗透和影响了日本民众的战争认知。

那么日本各报社呈现的是何种战争认知呢？甲午战争爆发后，各个报社对报道内容是有所选择的，对评论视角是有所偏差的。直接遭受杀戮和伤亡的清国军人以及被战火殃及的朝鲜和清国民众的感受，甚至直接遭受伤亡的日本军人及其家人的真实感受，由于战争直接导致生活困苦不堪的日本民众的真实感受，都没有资格呈现在日本新闻报道中。甲午战争期间，日本新闻界着力呈现的是正在进行"文明"战争的日本国的屡战屡胜、"义勇奉公"的日军以及热烈支持战争的日本国民，以及与之相对应的"野蛮"清国的屡战屡败、"丑陋可恶""死不足惜"的清军。在日本思想界反思战争声音稀少和稀薄情况下，日本报社肆意构建这种战争认知，即战争"合理性"和"正义性"，以及日本国民"自觉"参与和支持战争的众多事

---

[1] 新職業、新聞の号外売買 [N]. 時事新報，1894-07-23.

[2] 大谷正. 描かれた日清戦争 久保田米僊「日清戦闘画報」[M]. 大阪：創元社，2015：435.

例，逐渐成为日本国民的统一认知，成为日本国民"自觉"参与和支持这场战争的依据所在。

除了日本报社大量报道和评论甲午战争以外，甲午战争爆发后日本出版业还大量出版战争版画（亦称锦绘①），并吸引了大量"日本民众"前往购买。"自日清事变发生以来，东京城内绘草纸屋（贩卖锦绘等的场所）异常繁忙，竞相出版新绘也如战场般，现已出版的约有二十五种，一经印刷就被争相抢走贩卖，因此贩卖者争先恐后造成极度混乱局面。又因为锦绘与新闻报纸、书籍等同样需要接受审查检阅，出版要花费五六天的工夫，还要经过二十天左右的审查才能出版，这样丰岛、牙山激战之图，松崎大尉勇战之图，同时数百枚出现在店里，今年由于日清战争的缘故收入涨了几倍，向岛、牛入的同行，每户都装饰大神宫供奉酒物，祝福国家万岁职业万岁。"② 与上述各新闻社纷纷派特派员赶赴战场进行报道不同的是，这些战争版画即锦绘的画师们根本没有亲临战场，其对战争的描绘是通过想象的形式进行的，但这种想象已经超出一般意义上的想象，而是以一种夸张和虚构的战争审美方式呈现战争认知。

这种意义上的战争审美，不同于新闻报道以及论著等通过文字给读者带来的冷静和理智式认知，更多的时候体现的是情感层面上借助战争给日本民众心理带来强烈的愉悦感、满足感。通过这种战争审美所呈现的战争认知，给一般民众带来的愉悦感、满足感，远不是一般民众日常从事某种职业、具有某种社会身份、来自某种地域出身、处于某种生活状态所能获得的情感体验能够相提并论的，这也使得以杀戮为美的日本国民的"自觉"得以维持。

甲午战争爆发以后，由日本报社和日本出版业所构建的战争认知，最

---

① 锦绘是日本独特艺术形式浮世绘的一种，产生于江户时代中期，其中作为木版画的锦绘被视为浮世绘的最高形态。明治维新以后，锦绘在表现内容上开始改变传统上以市井风俗为对象的表现内容，将公共事件纳入表现对象，因此明治时代的锦绘也属于近代日本大众传媒的重要组成部分。

② 戦争版画の大人気 [N]. 読売新聞, 1894-08-09.

终导致在日常生活中听闻附近或者遥远某地发生的杀人事件会产生震惊情绪，并对受害者产生同情心的日本民众失去了对战争的真实表达能力。面对战争所直接带来大量伤亡和灾难，日本民众本应对杀戮、暴力持有本能恐惧、震惊和抗拒心理以及负面情感反应并没有表达出来，相反都"自觉"用日本国民身份、用"义战"理性去理解和面对杀戮和伤亡，甚至产生对战争审美式的愉悦与满足。上述日本民众对残酷战争反应的失真以及描述战争感受的主体性的缺失，无疑是日本新闻界与日本出版界以歪曲和虚构的方式向日本国民传递战争认知和战争审美的结果。

基于以上对相关因素的分析，本课题拟从日本各报社的新闻报道和评论以及日本出版业的战争版画为研究对象，探究在其影响下日本民众战争认知的形成，以此回答日本民众是在何种认知和情感下支持和参与明治政府发动的扩张战争。还需要说明的是，历史学研究基本遵循史论结合的原则，这其中史料往往作为论述的依据而发挥作用，对史料的选择和使用也需要服务于论述。除了专门的史料集，不太可能围绕某一个主题将大量相关重要史料都列入文中。只选择重要且与主题最相关、与论述最贴切的史料并呈现在文中，无疑可以使得论述紧凑而充满节奏感。但在研究中只将少数的史料作为论据予以呈现，这也意味着不得不舍弃大量的相关重要史料。

本课题"日本对华精神侵略民间史料收集、整理与研究"除了试图呈现日本对华精神侵略的关键因素及其逻辑结构以外，对史料收集、整理同样极为重视。因此，本文尽可能平衡史料收集、整理和研究之间的关系，尽可能多地呈现与主题相关的重要史料，让读者有机会接触更丰富的史料，有更多的思考空间。

第二章

新闻报道的偏差呈现与政治叙事

对于日本各新闻社而言，其作为近代传媒本应在报道中尽量秉持中立和以事实为依据原则，但从甲午战争期间日本各个新闻社所进行的大量偏差性报道以及宣传性报道可知，其本应秉持的中立和以事实为依据的原则均被抛弃。战争期间日本各新闻社在报道和评论中以其选择自我视角和呈现部分事实的方式，将其从战争观察者和报道者立场变为日本国战争的支持者和参与者，随后将其支持战争立场通过各种报道和评论直接传递渗透给日本民众，日本民众依据这些报道"自觉"成为日本国（明治政府）战争的支持者和参与者。

这体现在日清开战前，为了"合理化"日本向朝鲜出兵以及对清开战，日本各新闻社围绕各种国际事件塑造日本的道德感。比如，利用曾流亡日本的朝鲜人金玉均被暗杀事件，激发日本民众的"侠义心"以及对朝鲜和清国的敌视感。在日清开战前日本各新闻社频繁鼓吹日本国应该具有推动朝鲜"独立"以及"内政改革"的"使命"，并不惜为此与清国开战，与清国开战是"义战"。日本国对朝鲜的"道义"成为日本各新闻社进行政治报道与叙事的出发点。这种"道义"掩饰下的政治叙事远非明治政府决策向朝鲜出兵以及对清开战的核心和实质所在。但与严肃复杂的政治决策外交决策相比，日本各新闻社用日本民众已有的类似道德观念来评论国际事件，很容易激发出日本民众相应的道德情感，进而以此价值判断为依据日本国民"自觉"产生相应的行动诉求。日本民众相应产生的行动诉求也就是日本各新闻社煽动"帮助扶助"朝鲜而出兵朝鲜对清开战的结果，以

"官民一致"的形式支持和参与明治政府发动的战争。

甲午战争爆发后，日本各新闻社持续对战场报道进行战斗叙事，以及对日本国内新闻报道进行社会叙事，这两种视角下的报道叙事都可以归结为进行政治叙事。这种政治叙事并不在乎战争对参战双方的杀戮本质以及战争胜利者的掠夺目的。为了服务于其政治叙事的目的，日本各新闻社的报道和评论无视或者放大部分事实，不关注也不在乎战争给个体带来的恐慌、伤残以及贫困等事实，反而是以赞扬其"义勇奉公"为切入点将个体纳入政治叙事报道之中。日本各新闻社通过政治叙事，一再向日本民众宣传并强化这一认知，即这场战争给日本国和日本国民带来的是荣耀、正义和胜利，以此继续引导日本民众以国民身份"自觉"支持和参与战争。

第一节　甲午战前日本新闻的对清开战论

一、金玉均暗杀事件与对清国开战论

1. 金玉均暗杀事件

朝鲜爆发的东学党起义，历来被认为是引发日本清国出兵朝鲜进而双方在朝鲜开战的导火索。但若我们把时间轴稍微前挪，不难发现，日本民间新闻媒体在此之前就已经在不遗余力地营造战争氛围，煽动敌视情绪、表达蔑视态度，制造日本国对朝鲜的"道义"，以及对清开战的"正义"。

1894年3月27日，甲申政变失败后化名岩田周作的朝鲜开化党代表人物金玉均受李鸿章之子李经芳邀请前往中国上海游历，不仅日本政府内部对此行密切注视，日本新闻媒体也一直在跟进报道。实际上甲申政变后，日本政府对待金玉均的态度变得十分冷漠，甚至一度将其流放乃至软禁，此次金玉均上海之行却使其再度回归日本舆论中心。3月28日刚到上海的金玉均就遭到了同行朝鲜人洪钟宇的暗杀，消息传回日本，日本社会上下都表现得十分震惊，民间力量对此尤为愤慨，媒体争相以金玉均事件为对

象进行了大量相关报道。《时事新报》《东京日日新闻》《邮便报知新闻》《万朝报》等立即表达了对金玉均曲折身世和坎坷遭遇的无限同情，以及对其遇刺一事的遗憾和震惊。与金玉均私交甚笃的福泽谕吉，在其主笔的《时事新报》上借此极力推动对金玉均遭遇的同情舆论。"明治十七年京城之乱后，成为落魄流离的孤客、化名岩田周作流亡我国十年之久，其间长期抑郁不得志，疾病缠身穷困潦倒，始终处于不如意境地的金玉均氏，本月二十三日与清国人吴静轩、韩人洪钟宇以及我国人和田延太郎共同从神户乘船出发去往上海，此事本报有过报道，关于此行世间也有种种说法，有说是受早些年驻我国的清公使李经芳的邀请，有说完全是出于做买卖需要，有说其渡清是有更大的计划，有说只是短暂的漫游，一两个月后就会再回到我国，诸说纷纭，不足信矣，然今突然接到其遭暗杀长逝不归的噩耗，想到他一两个月后应该会回日本的最后的说法，悲从中来，顺便把与本事件有关的报道刊载如下。"①

《邮便报知新闻》则在报道中着重强调金玉均亲日言行以及其"壮志未酬身先死"式的悲剧遭遇："韩人风化未开，不知政治纷争应光明正大，妄用凶器，欲铲除政敌。多么令人慨叹。"②"惨死刺客毒刃之下的金玉均，素来敬慕日本文物制度，欲革新朝鲜弊政，终一败涂地……其逃脱万死，仅存一命，直奔日本，将生死完全委任给我同胞兄弟之侠义心。金氏敬慕日本之深，其信赖我兄弟之厚，足可窥见一斑。""叱咤韩山风云，一度实现平生志业，此金氏最为希望之所在。然不幸未能贯彻此志业，做圣代之隐民，客死于其敬爱的日本国土，亦金氏平生之希望。不幸之金氏，至少能够永眠于其敬爱之日本国土啊。遗骸为其所憎恶之清国遗弃，勿使其与犬尸马骨一道为政敌所蹂躏。这是我同胞兄弟对金氏最后之好意，最后之侠义心。"③

---

① 金玉均上海に暗殺せらる 同行者洪鐘宇の手に罹り即死 [N]. 時事新報，1894-03-30.

② 金玉均氏暗殺せらる [N]. 郵便報知新聞，1894-03-30.

③ 同胞兄弟の義侠心に訴ふ [N]. 郵便報知新聞，1894-03-31.

《万朝报》高度评价金玉均为"非凡的人物""才子豪杰""稀世人物"。①

《东京日日新闻》详细报道其在日本经历。"金玉均化名岩田周作的理由诸多新闻皆有报道，据金氏此次赴上海途中同乘西京丸的相处亲密一人从金氏处得知，金氏早些年摆脱国难到达长崎，身无分文，异常困顿之时，和歌山一人为他购买了船票，那人在船票上标记着岩田周作，金氏为永远铭记其恩惠不忘而化名岩田周作。"②

从以上报道不难看到，在金玉均遇刺事件刚发生不久时，日本民间媒体的报道论调普遍基于其所创设的"义理心"语境，他们一方面认为金玉均一贯致力于朝鲜内政改革，是不可多得的人才，而朝鲜政府采用暗杀这种并非正大光明的解决政治纷争的手段，因此朝鲜政府此举甚为野蛮落后。他们因此对金玉均的惨死表现出莫大的同情和怜悯，认为日本是金氏最为信赖和仰慕的国家，且无论是朝鲜对内改革还是金氏的流亡生涯，日本都施以援手，而今金玉均不幸罹难，日本出于一贯之道义，更应该有所行动。他们要求接回金玉均遗骸并使其厚葬于日本。事实上，在金玉均遇刺后，日本一部分对朝鲜事务关心的人就开始组织金玉均事件演说会并向明治政府请愿引渡洪钟宇、接收金玉均遗体等，《时事新报》和《万朝报》等媒体还公开为金玉均筹措义金。更重要的是，借助金玉均被暗杀事件，日本各媒体认为金玉均身死客乡，其改革事业未竟，因此呼吁日本应出于道义，想方设法帮助其完成未竟事业，推动朝鲜内政改革。日本各新闻社倡议的推动朝鲜内政改革，恰恰成为此后明治政府出兵朝鲜挑起甲午战争的借口。

几乎在金玉均遇刺事件发生的同时，受朝鲜国王指派执行刺杀另一个开化党代表人物朴泳孝任务的李逸植行动失败并被捕，此阶段诸多新闻报道围绕金玉均、朴泳孝以及李逸植展开，"暗杀"成为新闻报道中高频

---

① 金玉均の人と為り [N]. 萬朝報，1894-03-31.
② 岩田周作——と金玉均変名の理由 [N]. 東京日日新聞，1894-04-03.

度出现的词汇。但3月31日《邮便报知新闻》报道了一则与此并无关系但却饶有兴味的新闻，其题目为《本邦人在美国为清国人杀害》："本邦神户市某人在美国萨克拉门托市遭清国人杀害一事，昨日有报道，今听闻其原因是，杀害事件大约发生于一周前，本邦人的酒店来了一个有名的落魄汉（清国人），因其挥舞短枪举止狼狈，本邦人竹田某抓住他狠狠地揍了他并抢下其手枪扔到室外，然而这个清国人以竹田某将其殴打致伤为由向法庭提起诉讼但败诉，此后其执念颇深谋划复仇，一直以竹田某为狙击对象，最终由于一位神户人与竹田某在服饰和身材上甚为相似，误杀了这个神户人，但由于此神户人是游侠，闻说其被杀害的消息，其干儿子们非常激愤，协议一致，千方百计要找到行凶者下落。"① 这则报道出现于两起暗杀事件前后，同样也为谋杀事件，但更需要注意的是这起杀人事件的行凶者是"落魄的清国人"，当然该事件的真实性已很难考证，不排除当时确有可能发生类似事件。但从舆论炒作角度讲，这种将同类社会新闻事件集中、高频率报道的手法，一方面不仅可最大限度吸引读者关注，另一方面亦可对舆论发展推波助澜。因为此时，日本民间社会对清政府是否知道或者参与金玉均暗杀事件充满怀疑。在对清国的怀疑情绪已经水涨船高的情况下，类似"日本人"被"清国人"杀害的新闻事件在此时被报道，无论事件的真伪都会进一步刺激民众对清国的反感甚至是敌视的心理，而在如此激昂的情绪中民众不会有等待进一步真相的耐心，也没有能力考证事件的真伪性。

2. 对清政府参与暗杀的推测

日本民间之所以怀疑清政府参与了金玉均暗杀事件，其判断根据主要是金玉均是受李经芳邀请去的上海，且由当时中国驻日使馆的吴仁葆（字静轩）作为翻译陪同，但却一到上海便遇刺，由此很多日本媒体推测清政府参与其中。福泽谕吉在3月31日所写的《金玉均氏》中就有提出质疑：

---

① 邦人米国で清国人に殺害さる [N]. 郵便報知新聞, 1894-03-31.

"是李经芳也好，其他清国人的劝诱也好，从最打动金玉均的原因粗浅来看，此情形恰若清韩通谋，尽管有人怀疑是他们想刺杀金氏以永绝后患，此卑劣的阴谋乃清国所为吧，但不见得有非这样做的必要。幸而加害者被捕，一定要严肃审问，李经芳之私情与此事不可等闲视之。具体详细情况除等待来信外无他。吾辈愿侧耳倾听。"[1]

　　事件发生后，如何善后也牵动着中日朝三国神经。当时清政府受朝鲜委托，将行刺者洪钟宇与金玉均的尸体引渡归韩，并派出了军舰威靖号护送负责此事的朝鲜官吏徐湘桥至仁川港。《东京日日新闻》对此有跟踪报道，"昨日驻朝鲜国仁川领事能势辰五郎，其发来的电报大概如下：清国军舰到达马山浦。舰上搭载着金玉均遗骸及犯人洪钟宇。据闻，犯人洪钟宇及金氏遗骸是由在天津的朝鲜官吏带回，其官吏委托清舰搭载，清直接以军舰护送至仁川，期待后续报道。"[2]清政府此番护送举动经日本媒体报道给民间，进一步引发了日本民间力量的猜测与议论，他们认为清政府或者说李鸿章一派很可能参与了暗杀行动，清方甚至不惜特意出动军舰护送刺客和尸骸，其主要目的就是讨好朝鲜、拉拢与朝鲜的关系，从而进一步阻碍日本力量在朝鲜半岛的扩张。再加上金玉均当初是从日本被诱骗去的上海，清韩之间擅自解决问题，整个过程无异于对日本的蔑视。如此一来，朝鲜势必越来越疏远日本，这将不利于日本在朝鲜势力的维持。日本一些在野人士及知识分子开始大肆批判政府无能，要求政府放弃对外软弱态度实行对外强硬。媒体议论的焦点也从对金玉均遇刺身亡的同情与愤慨转移到对清国的抨击，并抗议明治政府的外交。

　　《自由新闻》4月11日发表社论《对韩要有对清之决心》，指出："对韩问题难就难在对清问题之难。吾人对政府忠告，在对韩下定强硬之决心前，要先有对清决心、对清强硬。"[3]实际上《自由新闻》的言论代表了

①　福沢諭吉.福沢諭吉全集：第14巻[M].東京：岩波書店，1961：330.
②　金玉均の遺骸及刺客洪鐘宇を清艦で朝鮮に送る[N].東京日日新聞，1894-04-11.
③　対韓は対清の決心を要す[N].自由新聞，1894-04-11.

相当多日本媒体和民众的观点，因为自明治维新"征韩论"兴起，到经历"壬午兵变"以及"甲申政变"，日本一直有意向朝鲜扩张，但始终因为清政府的制衡而没有实现。因此，此次金玉均遇刺，使其难免有又是清政府"从中作梗"之感。且与此同时，该社论极力强调对韩问题的根本是对清问题，制造对清敌视氛围，煽动敌视情绪。在紧接着的4月13日社论《战》中，更是孤注一掷叫嚣与清政府开战。"即使刀折箭尽，国亡身死，然一意为公义而死是义战，吾人不仅不辞，反而欲被鼓舞。"①《自由新闻》不仅煽动对清开战，同时还声称这将是一场"义战"，而"吾国人"若为"义"而战，万死而不辞，可谓十分具有鼓动性。

《时事新报》也发表评论《清人何等敏捷、日人如何迟钝》："金玉均在上海遭枪杀一事一发生，在天津李鸿章膝下的朝鲜官吏，并未与李相商议，就立即从天津赶往上海，韩吏迅速交接行凶者和遗骸，清国军舰以不似平常之迅速举动，搭载护送其至仁川，前后举动如此迅速机敏，实在让人惊叹，与之相反从金玉均罹难之时，和田延太郎和金氏遗骸分开到离开上海为止，日本人的举动迟钝如病人，此亦是令人吃惊。"② 以此批判日本政府在此次事件处理上行动迟缓，推测清政府因为预先谋划所以能对此事处理如此迅速。

福泽谕吉在《就金玉均暗杀清韩政府之处置》中进一步评议道："据电报所载及坊间传闻，清国政府特派遣军舰护送在上海暗杀金玉均的行凶者洪钟宇及金氏遗骸到朝鲜。上海是清国领地，洪在其领地明确犯有凶杀罪，按照世界一般惯例应以清国法律惩处之，且被杀的当事人的尸体，既已经过检验证明和相关手续可交还其亲朋故旧，然清政府不仅不惩罚谋杀犯，而且还将其与尸体共同送回朝鲜来看，其是认为洪之行为无罪，且欲在交际上讨朝鲜政府之欢心吧。根据清国与朝鲜之间的条约，此种犯罪，也就是朝鲜人之间的犯罪事件，早有规定将当事人全部引渡归国，现不仅

---

① 戦 [N]. 自由新聞, 1894-04-13.

② 清人何ぞ敏にして、日人曷ぞ遅鈍 [N]. 時事新報, 1894-04-13.

特意劳遣军舰护送，而金之身份并非简单作为朝鲜人可处理的，尽管现在吾人有取回尸体的请求，但清仍然将其送至朝鲜，此只是为讨朝鲜欢心外无他。朝鲜政府将如何处理此事呢，一定将金视为彼国之一流政敌定以大罪，对其尸体处以极刑，用尽所有能够羞辱金的手段才会善罢甘休的同时，将杀人者洪忠宇视为国家之大忠臣，惩处奸贼玉均，受到今在朝闵氏一族为首的上下一致的欢迎，也许会有授予官职等处理方式。"[①] 但需要指出的是，在此篇议论中福泽谕吉也说道："此次金玉均为刺客引诱至上海杀害完全是朝鲜人的诡计，与清国人毫无关系。我辈尽管对事实上其与此事件无关不表示怀疑，但就整件事日本人从一般感情来看，无法对清国人发自内心释然。"[②] 其指出，金玉均一离开日本到达上海，清国人的举动就完全变了，刺杀事件的始末及尸体处理上，毫无耐心可言，甚至态度冰冷若水，而对杀人者洪钟宇却宽大处理，甚至以军舰护送其回国，对此日本人不能理解其用意，在感情上终究无法释怀。

　　尽管福泽谕吉指出刺杀事件似乎与清无关，但大部分媒体仍倾向于认为清国参与谋划刺杀事件，为此在评论中一面极力做出同情金玉均的姿态，一面批判清国。如《东京日日新闻》发表社论《金玉均暗杀事件、清国使唆历然》："金玉均为逆贼、洪钟宇为忠臣，一下此论断，洪由当地警署引渡给知县，突然得到礼遇，其在严格的保护中，5日徐湘桥奉朝鲜国王之命从天津奔赴上海面见知县要求引渡金玉均遗骸及洪钟宇，知县得到道尹的许可于翌日6日将金玉均遗骸从湖南会馆、洪钟宇从其寓所送至停泊在小东门外的清舰威靖号，全部由徐氏引渡，清政府受朝鲜政府委托保护金玉均遗骸及洪，特派长江水师第四号军舰护送，也就是威靖号于7日早上从上海港拔锚出发。本就有此次凶变与李鸿章父子少不了关系的传言，现今又特派军舰一事来看，李应与此事件有关系，引渡请求的人也是选择了在天津的韩客中颇有地位的、能够敏速处理事务的徐氏，恐怕也是

---

① 福沢谕吉．福沢谕吉全集：第14卷 [M]．东京：岩波书店，1961：339．

② 福沢谕吉．福沢谕吉全集：第14卷 [M]．东京：岩波书店，1961：341．

在李的授意下选出来的。处理金玉均遗骸的徐湘桥,在1884年朝鲜变乱之后,曾任朝鲜驻日公使,千方百计极力搜捕金玉均的下落,但终未探明金之下落而未达成其意,其后听说崇明人杨某能力举五百斤,雇佣其谋杀金玉均,约定事成后保举其加封五品花翎,尽管进行了种种搜捕,此为金氏所察觉都没有达成目的,此次终于达成目的,由徐氏接管遗骸也是有着深刻原因的。"[①] 从这则报道可以看出,《东京日日新闻》推测,李鸿章派军舰护送韩吏、洪和金遗骸恰恰是其参与诱捕和暗杀的确凿证据,而护送的韩吏也是经李授意选出来的,因此,金玉均遭到暗杀必然是清政府参与谋划所致,从而将质疑和批判的矛头指向清方。

3.对金玉均尸首处理的议论

金玉均骸骨引渡归韩后,其以大逆不道之罪遭到分尸凌迟的刑罚,日本媒体在报道中一方面表现出对金氏遭受惨刑的同情,但另一方面也极力渲染朝鲜政府的野蛮与残暴,《东京日日新闻》发表《对金玉均尸体施加刑戮,头首四肢分别枭示,超脱常规韩人之残忍性》:"嗟!金氏遗骸惨遭刑戮,京城各国公使,何等热心劝告韩廷,然而韩廷对此如何谢绝,吾等未接到详细的情报,但总之接到我外务大臣特训电的大鸟公使,尽管好话说尽以求其省察,但彼韩廷不接受此等忠告,残酷地证实了之前的传闻,以下是在京城的本报通信员发来的电报,呜呼!读此谁人不鼻酸涕零。金玉均氏的遗骸昨日上午9时在杨花镇被分解,其头首与四肢被分别示众,其他部分横陈于地上(15日下午8:30京城发)。"[②] 在这则报道中,媒体指出,朝鲜当局无端拒绝了日本驻朝公使大鸟圭介及各国使者的劝告,仍然以谋反罪对金玉均的尸体进行残酷的凌迟。这在当时甚嚣尘上的文明与野蛮话语体系下,朝鲜政府的做法无异于是其野蛮、落后的最好证据,而日本和各国公使好心相劝都被韩廷拒绝,日本似乎与"文明"的西方达到了同一个"高度",这就为接下来在"文明与野蛮"话语体系下进行的战争,

---

① 金玉均暗殺事件 清国の使嗾歴然 [N]. 東京日日新聞, 1894-04-20.
② 金玉均の死屍に刑戮を加ふ 頭首四肢を個別に梟示 [N]. 東京日日新聞, 1894-04-17.

做了合理的铺垫与解释，日本民众也在这类新闻论调的引导下，强化了对韩蔑视，也加剧了对清敌视。

《朝日新闻》在4月18日社论《金氏遗骸之极刑》中对朝鲜政府举动进行了更激烈的批判："吾国公使在善邻友谊之上特致以厚意劝说，但其仍毫无斟酌做出如此残忍至极之行为，从其野蛮国之常态来看，并不足为怪，其不顾善邻之道蔑我厚意之甚，谁见之能不咬牙切齿、扼腕叹息。"① 在4月20日的社论《以何促其文化之进步》中进一步指出："朝鲜政府对犯杀人罪者予以酬赏而不听各国忠告对死尸仍要进行惨无人道的刑戮，在世界各国面前实在是上演了一幕无比野蛮之剧目。"② 在此，《朝日新闻》批判朝鲜政府之野蛮，而如何使野蛮之国走向文明呢？其接着大言不惭地宣称，欲使朝鲜脱离蒙昧唯有对其进行教化，日本国应有此"道义"："呜呼！以何促进其文明开化呢。如此冥顽实乃东洋之耻辱。启发之教诫之不是人生的普通任务，是为东洋立国不可缺乏的。如果不能戒固陋、开智识将文明开化于鸡林七道普及，其将来将如何呢。我东洋之命运又将如何。而担此劝诱教导之重任者非我日本帝国又能是何者呢？"③ 其将朝鲜完全野蛮化，而视日本乃"文明开化"之标杆，理应为推动朝鲜之进步做出努力。此番论调进一步强化了日本对朝鲜问题的"道义感"，经过这类舆论的持续铺垫，就使得在接下来的出兵朝鲜以及对清战争中，民众认为这就是为推进朝鲜进步甚至为稳定东洋秩序的"义战"。

4月24日《时事新报》以配图报道形式就朝鲜政府对金玉均尸体进行凌迟进行了生动报道："以下刊载，如在别项朝鲜通信所见，本社通信员多次到现场，尽力描绘出了实地目击之景象发送回来，图中「い」是装尸体的棺材，「ろ」为棺盖，棺大概长七尺、宽二尺，「は」为记载处刑宣告文的木札，札表面的文字如下：谋反大逆不道罪人玉均。当日于杨花镇即

---

① 金氏遺骸の極刑 [N]. 朝日新聞, 1894-04-18.

② 何を以て彼の文化を進めん [N]. 朝日新聞, 1894-04-20.

③ 何を以て彼の文化を進めん [N]. 朝日新聞, 1894-04-20.

刻凌迟处刑。「に」为席子，「ほ」为黄色八丈的下着缊袍、金氏的寝衣，被砍去头和四肢的尸体上的「イ」都是伤疤，是砍断四肢时造成的，「口」为砍断其四肢时垫的板子，「八」为在上海时为洪钟宇手枪射杀的伤疤，本社通信员去的时候没有别的值班人，据说其当地人受命看守禁止任何人接触。"①

图 2-1　金玉均受刑图

这则报道的特别之处在于，如图 2-1 所示，在摄影技术尚未普及的情况下，通讯员以生动清晰而富有冲击力的绘画形式再现了金玉均遭受极刑的现场，不可否认，残忍及暴力的场面往往更能够刺激读者的情绪。除此之外，当时的净琉璃和戏剧作品中也有以此为题材的故事出现，谷崎润一郎回忆少年时代曾说过："我对金玉均事件印象深刻""此事作为战争的前奏被新闻大肆报道，频繁为世人所提及。那年秋季，团子坂的菊人形中也见到过金玉均暗杀场面装饰的菊人形。"② 大众媒体正是以这种直接简单的形式刻画着金玉均这一人物的悲剧色彩，从而激发民众的同情心和侠义心理，并在此心理作用下加剧对朝鲜的蔑视，从而使民众的注意力转向朝鲜

---

① 金玉均処刑 惨たり其光景 [N]. 時事新報，1894-04-24.

② 琴秉洞. 金玉均と日本 [M]. 東京：緑陰書房，1991：870.

及对清问题上，要求明治政府对外强硬，批判其对朝对清外交政策。

《自由新闻》社论《噫玉均》叫嚣道："金玉均惨遭分尸，此有损日本体面，日本对此不应沉默。"[①]5月2日《对韩之决心》声称亡命之金玉均氏是刺客从日本骗走的，清韩的处理方式使"我帝国颜面尽失"，并甚至认为政府的软弱外交使得"我国民忠愤壮烈的气氛日渐消沉"，即就本次事件日本国民群情激昂，政府的软弱态度让民众失望，其主张"今日乃对韩付诸决心之时刻"，并进一步解释"对韩之大决心"就是"对清之大决心"[②]，将问题的矛头又指向中日关系。5月3日，福泽谕吉在《没有一定的方针》中指出，"自1884年以来日本对朝没有一个可以认可的方针，为此在国家利益和名誉上蒙受了诸多不利，与1884年相比，观察日本在朝鲜势力的消长，日本人不得不为此感慨。这是我辈建议一定要有一定的对朝政略的原因。"而一定的方针具体如何，福泽进一步说道："此政略绝不可像征韩论般如此过激。"并且福泽认为，按照《天津条约》的规定，实际上其精神是朝鲜排除日中两国的干涉自己维持自身安全，但情况恰恰相反，朝鲜之实力根本不足以对内维持治安对外保持独立，因此"一旦出现问题，将不知事态如何进展，其危险至极，以我国的地位绝不能对此袖手旁观"。与此同时，他也表达出对清政府的蔑视，声称："清视朝鲜与己邦无异，其对朝政略为李鸿章一手打造，但如果清政府在朝鲜势力过盛，则其他两强也会向朝鲜伸展势力，对此日本人不需要过分担心，但李氏既老，清帝国命运将如何，但凡有智识的人对此都有所怀疑，因此绝不可指望清国，与以维持现在势力为目的的清国共事，期待东洋和平简直就是糊涂，我辈对此不能折服。"[③]

事实上，明治政府内阁、外务省以及当时的驻朝公使大鸟圭介，对清政府没有参与金玉均暗杀事件是十分清楚的。正因为十分清楚事件的真

①　噫玉均 [N].自由新闻，1894-04-25.

②　対韓の决心 [N].自由新闻，1894-05-02.

③　福沢諭吉.福沢諭吉全集：第14卷 [M].東京：岩波書店，1961：358.

实始末，因此，当与金玉均交往过密的一些日本人向明治政府提出接管金玉均尸体、引渡洪钟宇、处置日本驻上海领事大越成德等三项请求时，被明治政府果断拒绝。但无视真相如何的日本媒体反复进行猜测和评论，使得日本国内民众的目光一下子就被吸引到对清、对朝关系上，也正是在媒体创造的舆论环境下，民众朴素的同情心和正义感被激发，这种同情心和正义感夹杂着对清韩的蔑视和敌视，使得民众情绪完全被调动，民间"义战论"甚嚣尘上。"其结果是关于这场战争的侵略性无人问及，在毫不怀疑'善意''侠义'意义的状态下，这样的道德性言辞拥有了强有力的说服力。"① 尽管金玉均之死并不是甲午战争爆发的直接导火索，但知晓事情真相的明治政府任由媒体点燃并操控社会舆论情绪为开战做动员服务。通过媒体对金玉均刺杀事件的报道和宣传，至少日本民众朴素的"侠义"心理，在媒体的宣传和煽动下越发高涨，其对朝鲜事务的关注被唤醒。与此同时，媒体的议论，为日后日本政府推进"朝鲜内政改革"做了铺垫，亦为"日清战争"乃"义战"准备了舆论基础。随后5月朝鲜东学党起义扩大化，中日朝三方关系进入另一个阶段。

二、东学党起义与日本新闻的开战动员

1894年2月，朝鲜爆发东学党农民起义，起义军接连挫败官军，到四五月间东学党起义已呈星火燎原之势。自金玉均暗杀事件发生以来，日本媒体和民众双双将注意力转向朝鲜问题，对朝鲜事务保持着高度的关注。《时事新报》5月12日刊登《东学党暴动之公报》："昨日据驻朝鲜大鸟公使电报大意，东学党又于全罗、忠清两道开始暴动，杀伤府使以下官吏，大有进军京城之模样，韩廷既已出兵镇压。"② 5月24日又刊发出《东学党暴动于全鲜扩大》以及朝鲜政府对全罗道茂长之东学党发布的檄文，

---

① 小林瑞乃. 戦争開戦前夜の思想状況——暗殺事件をめぐる考察 [J]. 青山學院女子短期大學紀要，2010，第64卷：61.

② 東学党暴動の公報 [N]. 時事新報，1894-05-12.

原檄文批判东学党不顾君臣之义、父子人伦、上下之分，不顾国家危殆而独肥私己等。① 此时东学党打出的"逐灭倭夷"等反对日本侵略的口号却并未见诸报端。对于日本而言，其一直苦于没有出兵朝鲜的理由，而东学党暴动正是在金玉均事件之后另一个重要的机会。外相陆奥宗光对此评价，"他日若要书写日清两国当时的外交史，必定会将东学党之乱放在开卷的第一章"。②

当时日本驻朝代理公使大鸟圭介回国休假，外相陆奥宗光要求代理公使杉村濬密切注意局势，一旦朝鲜向清国要求出兵则要紧急报告。但就当时朝鲜形势而言，"杉村五月左右发来的多个报告认为，东学党之乱为近来朝鲜少有之事件，但尚无法确认乱民是否真具有颠覆政府之能力；另外，根据乱民的进攻方向，尚难预测为了保护我国公使馆、领事馆以及侨民而出兵的必要性。就目前而言，京城自不待言，即便是釜山、仁川也并无忧虑，因此我政府此时讨论出兵问题未免为时过早。"③ 杉村在朝鲜数年，对朝鲜国情和形势了解甚深，其报告已言明暴乱之形势尚不具有颠覆朝鲜政府的能力，而且在当时日本尚无出兵之必要。然而陆奥却认为这是一个千载难逢的机会，"但余以为对于总是混乱不堪的朝鲜内政以及动辄越轨的清国外交，必须有所预见"④。此时的日本媒体已按捺不住，纷纷评析朝鲜局势和政略。

1894年5月30日，《时事新报》发表评论《东学党暴动今不可大意》，极力主张明治政府借助朝鲜爆发的东学党起义出兵朝鲜借此"扩张国权"。"朝鲜东学党骚动，其势正如新闻所报颇为猖獗。若只是百姓起义之类，呈一时之乱则无意介入，然唯挂念朝鲜政府不施威严，则此乱并非轻易可

---

① 東学党の暴動全鲜に拡大 東学党檄文 [N]. 時事新报，1894-05-24.

② 陆奥宗光. 蹇蹇录 [M]. 赵戈菲，王宗瑜，译. 北京：生活·读书·新知三联书店，2018：4.

③ 陆奥宗光. 蹇蹇录 [M]. 赵戈菲，王宗瑜，译. 北京：生活·读书·新知三联书店，2018：4.

④ 陆奥宗光. 蹇蹇录 [M]. 赵戈菲，王宗瑜，译. 北京：生活·读书·新知三联书店，2018：4.

镇压。此党于去年五六月兴起，朝鲜政府极力派兵镇压官吏招抚，然仅一年，卷土重来。从其猖獗态势看来，并未真实镇压，政府官吏之辈表面装作若无其事，今又放言镇压，而将事态暧昧化，实际亦有借镇压请功之嫌，不足一年再度爆发，亦可知其政府威严尽失、纲纪坠地、举民暴乱之情。据说此党，并无专门统率，不过乌合之众，乱党于忠清、全罗两道境内嚣张跋扈，刺杀官吏抢夺武器，从其挫败官吏的种种报道来看，此暴徒势力并非那么容易制服。尽管政府增派兵力至两地，但朝鲜部队素来毫无纪律，一入地方便鱼肉百姓，强取豪夺，野蛮至极，与其说百姓畏惧暴徒不如说更畏惧官兵，从诸多其所到之处男女老少荷枪而起的传闻来看，军队之进发日益激起民心反抗反而助长了乱党势力，其势发展至今已演变对政府心怀不满之士加入其中并开始统率这批乌合之众的麻烦境地，抑或席卷鸡林八道而最终颠覆政府也未可知。无论其结果如何，终究他国之事于我国民无关，然依我辈之见，朝鲜内乱于我日本立国利害关系绝非等闲，若贼势猖獗之极非政府所能镇制，则朝鲜政府自身将濒于危急存亡之境，丧失制御一国之权力，恰其陷入无政府状态之时，若其他强国以此为契机大肆干涉事态又将如何，故今日之事件种种，实非易事，我国人不能仅将其骚乱视为他国内政，怠于敏锐观察，其骚乱终严重以致其本国不能镇压之时，我国务必做好其将借我之力达到镇压效果的准备。于他国内政相关之事随意发兵本不可，但如有其政府委托，则于国际惯例上将毫无障碍，掌握此时机需依托于外交当局者的手腕，我辈请预见。若我国将此事视为无关紧要之事，朝鲜政府情急之下定将向清国请求援兵。清国素来视朝鲜为属邦，不怠保护，此形势下即使没有朝方请求，也必将大举发兵镇压，如果清国出兵，平定朝鲜内乱，扶助朝鲜政府自立，则彼半岛权益将悉数收归其囊下，这有害于朝鲜独立，其结果亦将影响我国于东洋国权之消长，我等日本人宜早关注于此，做好准备万勿丧失良机。假若退却一步，则不能保持独自领先地位，清国政府发兵援助情况下，日本也应派出相应数量的兵力，一定要与清国占据对等地位，此亦希望当局者注意。然上述为以防万一之准备并非眼下当务之急，眼下当务之急是，保护在朝我国居留民一事。东学党之势，即使不至于颠覆朝鲜政府，但其势愈发猖獗，居留地方面如受其余波影响，我人民之生命与财产将如何是好。仁川、釜山等地平时有我警备之军舰，但能借此次骚动进一步增加其数量是好的，到关键时刻，能保护我九千余居留民，两三只军舰终究令人担忧，而且日本人不止居住于海岸开港之处，居住于内地京城的亦不在少数，仅仰仗几只军舰保护又如何叫人能够安心，故务必设法增加其他保护方式不行，既然在朝鲜驻守军队是《天津条约》所允许的，朝鲜正值多事之秋，则可设法临机应变，此我辈寄希望于当局者之处。"①

《时事新报》此篇报道的内容信息量非常巨大。首先，朝鲜代理公使传来的多个报告早已说明东学党暴动未必具有颠覆政权之实力，也未必会向京城方向进军，也不会波及日本在朝鲜的居留民，因此日本暂时没有向朝鲜出兵之必要。但《时事新报》这则报道，一再声称"则此乱并非轻易可镇压""此暴徒势力并非那么容易制服""今日之种种，实非易事"，制造紧张氛围；在明知东学党暴动是朝鲜内政的情况下，仍然认为朝鲜此次内乱与日本关系重大，号召政府做好出兵镇压的准备，"我国务必做好其将借我之力达到镇压效果的准备"，且呼吁明治政府，如果师出无名则很可能在国际社会上为人诟病，外交当局者应该想方设法使朝鲜政府主动委托于日本，如此便符合国际惯例。而且万一朝鲜政府向清国先行借兵，则日本将失去在朝鲜势力的平衡。"有害于朝鲜独立"的实质是一旦朝鲜向清政府请求清兵助剿叛乱成功，则将强化清朝关系，对两国宗属关系更为明确化，但这是对一直想把朝鲜从旧的华夷秩序中剥离出来的日本最不愿看到的，因此日本对此绝对不会坐以待毙。因此，该报道告诫明治政府务必与清国派出同等数量之兵力，保持对等实力。更值得注意的是，《时事新报》声称当下上述建议都不是当务之急，当下最为重要的是"保护我居

---

① 東学党暴動今や油断ならず [N]. 時事新報，1894-05-30.

留民"，但仅几只军舰保护无法叫人安心，因此要增加兵力，"故务必设法增加其他保护方式不行，既然在朝鲜驻守军队是《天津条约》所允许的，朝鲜正值多事之秋，则可设法临机应变"。可见，其是建议政府趁此朝鲜内乱以保护居留民为名义行增兵之实，以应对朝鲜将来局势。

5月31日《国民新闻》在社论《应出兵朝鲜》中抓住东学党纲领"驱逐洋倭"内容直接鼓动出兵朝鲜。"朝鲜内乱不单是百姓暴动也兼有革命性的可能，要进一步注意'驱逐洋倭'这一政治纲领，在朝鲜扶植日本势力以维持东洋权力之平衡之际，'驱逐洋倭'此乃一大障碍物。日本应先于清迅速出兵，一应该救朝鲜于内乱之中，一该向朝鲜政府示以恩泽。首先应该以保护居留民名义派出足够的兵力镇压内乱，然后根据形势授予其随机应变之权力，绝对不能重蹈甲申政变之覆辙。"①《国民新闻》同样建议政府以保护居留民为名义出兵镇压朝鲜内乱，但其所说的"救朝鲜于内乱之中"与"向朝鲜政府示以恩泽"，究其根本，是在此次暴动中，东学党已经打出了"驱逐洋倭"的口号，这意味着朝鲜正在日益疏远日本势力，这对日本维持在朝鲜的势力与在东亚的地位是极为不利的。早在金玉均刺杀事件发生时，《朝日新闻》就有报道朝鲜国内排日情绪增强问题，"其误解日本政府拥护在日本的朝鲜亡命之徒""总之朝鲜现在对日本抱有十足的敌意。无论以何等好意相待都无望。当此之际日本应采取的措施唯有对韩强硬！"②在日本媒体看来，朝鲜对日本力量疏离的对立面就是接近清政府，在这样的情况下，日本出兵镇压叛乱，则朝鲜政府将感谢日本，重新改善日韩关系。在日本媒体一致要求对朝鲜强硬的强大的舆论压力下，伊藤内阁也不得不特别审视此问题。

三、明治政府出兵朝鲜

当时，日本国内政治纷繁复杂，为批判藩阀政权"有司专制"，在野

---

① 兵を朝鮮に出すべし [N]. 国民新聞，1894-05-31.
② 韓廷非日本主義の増長 [N]. 朝日新聞，1894-03-31.

人士将攻击矛头指向明治政府。6月1日，伊藤博文宣布解散议会。6月2日，在总理府邸召开内阁会议，陆奥宗光也参加此次会议。当日驻朝代理公使杉村睿发电报告知陆奥，朝鲜当局已经准备向清请兵支援。陆奥向内阁传达了杉村电报的主要内容，并向内阁表明："无论清国以何种名义向朝鲜派兵，事若属实，我国亦应向该国派遣同等数量的军队，以防不测，日清两国应当维持对朝鲜的权力平衡。阁僚对余意见一致赞同，伊藤内阁总理大臣随即派人邀参谋长炽仁亲王殿下和参谋本部次长川上陆军中将莅临会议，各位到会后立刻协商日后向朝鲜派兵事宜，内阁总理大臣伊藤博文随后携议案和内阁解散议会的决议赶往皇宫，依照程序祈请圣裁断，准奏之后便可实施。"[①] 可见根据陆奥上述记载，日本内阁早在6月2日就决定出兵朝鲜了。在内阁做出决定之后，陆奥又命驻朝鲜公使大鸟圭介做好准备出发朝鲜。而清政府正式决定出兵是在6月4日，朝鲜向清政府正式请求出兵的文书更是6月7日才到达，也就是说，种种行动表明出兵朝鲜早就在明治政府计划之内。6月5日，就在大鸟出发去朝鲜的同时，日本军部在广岛设置了大本营。可见此时，日本早已有了对清开战之心，如果单纯是为了保护居留民的话，根本不需要动用如此大的兵力甚至设置大本营。

但对于当时政界高层的决定，日本民间媒体是不得而知的，因此在这一阶段仍有大量的报道在批判明治政府对清韩态度软弱，进一步制造出兵朝鲜的理由，请求政府尽快出兵。"朝廷施政失宜、纲纪颓废、人心倦怠，举国期盼新政已久，东学党才趁此机会揭竿而起。""李朝今日唯有果断排除积弊，方可抚慰民心。"[②] 6月7日又发社论《朝鲜不是朝鲜的朝鲜》指出"日本之于东学党叛乱，一面尽善邻之道取率先平叛之功劳，恢复朝廷威德，另一方面也应为进一步掌握亚细亚霸权留有余地"，其认为此次朝

---

① 陆奥宗光.蹇蹇录 [M].赵戈菲，王宗瑜，译.北京：生活·读书·新知三联书店，2018：5.

② 東学党の乱 [N].自由新聞，1894-06-01.

鲜内乱对于日本而言是不可多得的掌握亚洲霸权的"绝好机会"。①

6月5日《时事新报》发表评论《可迅速出兵》:"据近期报告来看,朝鲜东学党骚动日甚,有逐渐靠近京城之势,朝鲜政府异常狼狈。眼下大鸟公使急速赶去彼地。其骚动不可单纯认为是朝鲜内乱。事情逐渐关乎日清两国关系,亦可能达到以至于惹出东洋问题之结果。此刻,公使归任之必要自不用说,此乃外交政略上的事不容人民置喙。我辈与日清关系无关,不问东洋之问题,眼下紧要的唯是保护我在朝居留民生命财产安全。彼乱民之暴乱,对日本人施加何等危害还不可知,彼政府之官兵与野蛮之徒无异,官民与兵与其说是兵不如说是拿着武器的无赖汉。贼势猖獗,官兵跋扈,危险之至,将生命财产委托于其中的我居留民之不安心在这种情况下越发严重,无论如何要迅速采取保护之手段准备相当之实力。或发兵为《天津条约》所允许,我辈今日之急唯保护人民,绝不是其他狭隘目的。假令运送兵力限于真实保护之必要的数量,也要照知清国政府,不可生嫌忌之念。"② 由此来看,《时事新报》声称"眼下紧要的唯是保护我在朝居留民生命财产安全",绝对没有"狭隘目的",将保护在朝鲜的日本居留民安全作为日本出兵朝鲜的最佳理由。

6月8日,为配合日本出兵朝鲜行动,明治政府以陆军大臣大山岩海军大臣西乡从道名义发布禁令,禁止报纸刊载与军队调动等涉及军事机密的事项。1894年6月9日《时事新报》在《禁止刊发与东学党事件相关信息 帝国政府发表出兵理由 依据天津条约日清两国相互照会 》的社论中,再次强调:"朝鲜国内内乱蜂起,势益猖獗至极,该国政府陷入无力镇压之状况,因此为保护本邦于朝鲜公使馆领事馆及国民,遂派出部队。也就是说我国政府针对朝鲜内乱,以保护在朝居留官民为宗旨,派遣出

---

① 朝鮮は朝鮮の朝鮮に非ずである [N]. 自由新聞, 1894-06-07.

② 福沢諭吉. 福沢諭吉全集: 第14卷 [M]. 東京: 岩波書店, 1961: 393.

军队。"①《时事新报》仍在"合理化"日本出兵朝鲜的目的是保护本国居留民。

6月10日日本驻朝鲜公使大鸟圭介率海军士兵300余人到达日本驻汉城公使馆。11日大岛混成旅团先遣部队也登陆仁川，并且后续部队也将按计划派往朝鲜。日方本计划在镇压朝鲜暴动时与清军产生冲突，以此作为双方交战的理由，但令日本没有想到的是，11日东学党已经与朝鲜政府签订了《全州协议》并撤出了全州，也就是说日清双方都没有再继续增兵的理由。此时日清双方应商议同时撤兵，尤其是中止派遣后续部队。但是在12日，日本广岛大本营仍旧决定派出第五师团的余部，继续增兵朝鲜。

此时在朝鲜的大鸟公使报告，清军只是驻扎在忠清道的牙山，东学党势力也渐渐平息，京城和仁川等地恢复平静。而日本继续增兵朝鲜引发了在朝鲜外国官吏和居留民的猜忌，这对日本想要赢得国际社会上的舆论支持是非常不利的。陆奥说明："当时驻朝鲜的外国官吏和侨民对清抱有同情，且认为是日本政府平地起波澜有蓄意侵略朝鲜之意。大鸟回到朝鲜后意外发现，朝鲜国内十分平静，而清军队也仅仅是驻扎在牙山，双方军队驻扎地甚远，无发生冲突之可能。因此大鸟致电日本政府，认为此时再大举派兵于外交上不利，然而这个时候，日本的混成旅团已经无法撤回。"②6月12日，朝鲜政府向日方提出，叛乱已恢复平静，希望日本撤回军队。显然，至此"保护居留民"已经无法成为日本采取下一步行动的正当借口，陆奥接着写道："然两国于樽俎之间彼此释然，最终各自从朝鲜国撤回军队则纯属无望。所以若无急派的原因或现成的适当借口作为交火的理由，则只有对此内外时局尽力采取措施，并施以某种外交策略，使局势发生转

① 東学党事件に関する記事差止中に 帝国政府出兵の理由を発表 天津条約に据り日清両国互いに出兵を通知 [N]. 時事新報, 1894-05-30.
② 陆奥宗光. 蹇蹇录 [M]. 赵戈菲, 王宗瑜, 译. 北京: 生活·读书·新知三联书店, 2018: 17.

变，除此之外别无良策。"① 可见，迫切需要寻找到新的交战理由的陆奥宗光此时开始谋划制造开战借口。

四、朝鲜"内政改革"与对清开战论

甲午战争爆发之年正逢慈禧太后六十寿辰之年，清廷本无意与日本发生冲突，加之有撤兵约定，因此，在当时的情况下中方并没有继续向朝鲜增兵，而日本军队到6月16日时，在朝士兵已经增到7000余人。② 然而对于局势缓和，福泽谕吉却认为这是清廷对日军望而生畏才中途撤兵，并对清政府大加嘲讽。"此次事件日本政府决断迅速，出兵计划宏大，一贯轻蔑我国的清国人显露出不可思议之狼狈。据说为镇压东学党于牙山登陆的清国兵，并未向战地进发而是仍停留在原地。或许是听闻我出兵之消息有所踌躇吧。日本兵渐渐到达朝鲜，仁川和京城都有日本兵，他们将如何进退呢。一种说法是，清国人果真是没有策略，日本兵一到达，东学党之始末变得次要了，纷纷撤退归国而去。（中略）日本出兵本为了保护人民，东学党在全罗道附近嚣张跋扈，没有那么容易进入京城的样子，清国兵全部撤退一人不留，日本仿佛失去对手穷于进退吧。如此一来，北京和东京之间开启书面往来消磨时间，日本人将渐渐穷于应对。另一说是清朝主管朝鲜事务的是李鸿章，李鸿章又是一贯对清政府如何建言，又是如何对外国公开声明的呢？就此次出兵已经放言是为了镇压属邦叛乱，其兵未到战场一战未打，今却返程，这与之前的建策公言相比毫无脸面。或许此次撤退，如世界公众所见，不外乎清国兵畏惧日本之威风望风而逃，清国人的癔症是不可掩饰的事实，没想到会到了上述之地步，考察此次事件始末未必会赢，也可能到了招致世界各国的嘲笑的地步……清政府的执政者骄慢倨傲、不明事理的人不在少数。堂堂大清中华之兵畏缩日本威风逃去，这

---

① 陆奥宗光. 蹇蹇录 [M]. 赵戈菲，王宗瑜，译. 北京：生活·读书·新知三联书店，2018：18.

② 松下芳男. 近代の戦争：第1卷 [M]. 東京：人物往来社，1966：135.

样的评价虽不能容忍，若李氏贯彻一己之意见，不免遭其同辈弹劾，也有自家地位遭受动摇的担心。"①

6月15日，明治政府内阁决定拒不撤兵，提出由日清两国共同镇压朝鲜叛乱，并设置委员会由两国主导朝鲜内政改革的建议。但陆奥早就认为"就目前形势而言，清政府未必会同意我方提议"，因此，在内阁提案之外，陆奥又补充两点，"绝不撤回派驻朝鲜的军队。另外，如果清政府不赞同我方提案，帝国政府应独自担负起对朝鲜政府进行前述内容改革的责任"。②6月21日，清朝驻日公使汪凤藻照会陆奥宗光，对日本所提出共同改革朝鲜事宜予以拒绝，理由如下："第一，朝鲜内乱已经平定，现清军无须替代朝鲜政府讨伐乱党，时下尚无日清两国齐心协力平定内乱之必要；第二，日本政府对朝鲜的善后之策用意虽善，但朝鲜的改革应由朝鲜自己进行，清国尚且不干涉，日本国原本就承认朝鲜是独立自主之国，亦无干涉其内政的权利；第三，事变平定之后，各自撤兵本是《天津条约》之规定，今亦无再议之必要。"对此，陆奥的辩解甚显苍白。首先，其一再强调叛乱只是表面平定，如不进行内政改革就不足以根绝祸乱；其次，针对清廷提出的朝鲜改革应由朝鲜独自进行之说，认为这是"不过借此逃避自己责任的托词"。陆奥在《蹇蹇录》中写道："此番极力压制我国权利之行为，难脱清国政府李鸿章平素倨傲之常套，事到如今还未领悟日本政府已下定最后决心，仍沉溺于当初的妄想迷梦之中……余当初已料到清国政府十之八九不会赞同我方提案，而我政府对此种回复也不能保持缄默。"③可见，陆奥并不能够对日本企图推进朝鲜改革是干涉他国内政的行为做出合理解释，而只能说清政府的诘问是"压制我国权利之行为"，更不提《天津条约》关于双方应于叛乱镇压后同时撤兵的契约精神。

---

① 福沢諭吉.福沢諭吉全集:第14卷[M].東京:岩波書店，1961:407.
② 陆奥宗光.蹇蹇录[M].赵戈菲，王宗瑜，译.北京:生活·读书·新知三联书店，2018:20.
③ 陆奥宗光.蹇蹇录[M].赵戈菲，王宗瑜，译.北京:生活·读书·新知三联书店，2018:22-23.

　　在此期间，日本媒体也纷纷展开议论，表达自己对时局的意见，他们不仅强烈要求政府不能从朝鲜撤兵，甚至希望军队有进一步作为。《自由新闻》以"爱国心"为切入口，强调"爱国心是一种感情，此感情，作为人类最高最大的感情，国家兴亡盛衰都以此为基""韩城之变乱，我军奔赴，尽管不见一个敌人，但这正是我国民隐隐爱国之情感想遮也遮不住的表现"。[①]在当时，日本并没有继续驻兵的理由，但该报仍然借此次出兵赞美这能够唤起国民的"爱国心"，其中的逻辑不言而喻。6月17日《九州日日新闻》的社论进一步煽动战争情绪，其不仅对政府出兵表示"完全赞同毫不踌躇"，甚至要求派遣军"随机应变"："吾人所特别希望之所在，在此次所派将卒。值此国际危局千钧一发之际，务必根据机宜之便采取果断措施。大体进退根据政府旨意，但也要有临时处理事务的独断能力。大将临战而受君命，此次出师之将者勿需有此疑虑。"[②]《九州日日新闻》这个社论不但没有日本就此撤兵回国之意，甚至露骨要求在朝鲜的日军指挥官"出师之将者"制造开战事端。

　　《时事新报》6月19日发表社论《日本兵不可轻易撤去》，明确地提出日本拒不撤兵并借机控制朝鲜"内政改革"以便维持日本在朝鲜的主导地位。"我出兵为人民保护不夹杂其他目的，彼之内乱逐渐镇压的话会直接以适当的顺序返回，但我辈不愿如此轻易撤退。见彼国之现状，假令此次骚动得他国之助力一时得到镇压，其仍然有再次爆发的危险，如我辈前之所述，我国人决定利用此次机会，计划诱导提挈，推进其国的文明事业之方针，以架设电信和铺设铁道为首，邮政、警察、财政、兵制，改良一般组织，共兴文明开化之事业，欲保全于世界表面之独立国体面，乃异常宏大之事业，日本所需耗费的巨大劳力和费用迄今无数，苟朝鲜偏安守旧之国家，发起文明之事业，改良百般制度，对此出现种种妨碍之势也是自然的，其情况与我国明治维新之后情况无异，废藩置县，改正地租，发布

①　爱国心 [N].自由新闻，1894-06-17.
②　一步も仮借する勿れ [N].九州日日新闻，1894-06-17.

征兵令等大改革，不免遭到人民反对，甚至有时需要兵力镇压。因日本政府具备充分之能力，尽管有反对但仍能达到目的，今朝鲜政府势力薄弱，假使其依靠自身实力排除种种阻碍一定是缺乏果断的执行力的。也就是说日本竭尽种种耐心帮助欲助成其改良事业，如果不借助我之力量助成其实行，就好比俗语说造佛无魂般毫无效用，改良之新事业无论如何需要日本人的费用和劳力，即我国人逐渐为其金主，如彼政府毫无保护实力则将有何危险不可知，亦不可为其改革事业投注金钱。日本兵驻守于彼地不只为保护本邦人民，亦要为了朝鲜文明进步采取必要之措施。假使退却一步，若不按日本政府方针行事，日本在朝鲜之状况就会完全恢复到从前，也许依旧会处于不变的无关系之地位，因此我辈认为仍有驻兵之必要。明治十八年以来，依据《天津条约》我撤去京城之兵力，日本人蒙受了何等之不利，如防谷事件，历时多年难以解决，我政府不得不示以最后之决心，事情才逐渐开始有着落。如果我兵驻扎，则事情最初就不必如此麻烦而直接有所结果。又此次事件瞬间发动如此多的军舰部队，其费用和周折不是那么容易的。也是因为在彼地没有保护兵，彼国之现状，何时、有何事变也不可估计。不仅每次军舰往返并非易事，如没有占据时间机宜又将如何。假设上述内乱平定，以朝鲜政府之实力不足以保证今后永久平安无事的确是确凿之事实，我兵绝对不可撤退。或如果清国政府遵从《天津条约》的明文规定要求同时撤兵，如果真不安心，没有冒自家之危险与他国共进退之义务。无论如何也要拒绝，也可废弃与之条约。京城之保护兵不可轻易撤退。"[①] 福泽谕吉意在借助日军出兵朝鲜逼迫朝鲜政府接受日本的"内政改革"指导实现"文明进步"。至于日本指导下进行"内政改革"此举是否侵犯朝鲜政府主权，此举是否使得日本沦为其他帝国主义国家一样，习惯于指责朝鲜和清国落后的福泽谕吉，与其他在开战前已经通过各种报道蔑视和敌视朝鲜和清国的各新闻媒体一样，已经失去了反思和审视

---

① 福沢諭吉.福沢諭吉全集：第14卷 [M]. 東京：岩波書店，1961：414.

的能力，只是沉醉于自我构建的对朝鲜"道义感"以及为此不惜与清国"义战"的话语之中。

事实上，对明治政府而言推动朝鲜"内政改革"只是实现日本在朝鲜扩张、与清国开战的手段而已。面对清政府的拒绝，明治政府决议由日本独自进行朝鲜"内政改革"。值得注意的是，陆奥此时注意到日本民间与明治政府立场一致，并以此为依据"促使破裂"的日清开战。"我国朝野之议论，已不再过问是怎样的事情，起因如何，其所表现出的协同一致，对内对外皆十分有利。余想借此好题目，看能否再次调和已有过一次破裂的日清关系，要是最终无法调和，倒不如或以此为促使破裂之契机，或作为将黑云压顶的阴霾之日索性化为一场疾风暴雨，迎来雨过天晴的爽朗之日的晴雨表。"①6月23日，明治政府向清国递交了第一次绝交书，正式表明日本将独自推进朝鲜"内政改革"。与此同时，尽管朝鲜政府一直在强硬要求日本撤兵，然而广岛大本营仍在不断向朝鲜派兵。

尽管此时明治政府已经决议对清开战，但日本很多媒体此时仍进行"自卫"式对清开战动员，这体现在一方面不断敦促明治政府对清强硬，另一方面着重报道清政府或李鸿章增兵的夸张消息，制造清朝决意开战的战争氛围，激发日本民众"自卫"式对清开战情绪。

6月24日，《时事新报》发表评论《清韩通谋事态急迫 韩国请求日兵撤兵 诱发难以避免之危机形势》。"朝鲜山河近来战云惨淡，精通内幕之士已经深知大势所趋，等待昨日报道到达时，据不断传来的电报，朝鲜危机日渐紧迫，东洋天地将因之变得多事，当初接到日本出兵的李鸿章，立即命令十六艘战舰出发，又着手准备大举派遣陆军，其后又将招商局的汽船船籍转移至德意志名下，只管寄托在外国国旗保护下做开战准备，李鸿章对朝鲜一事的准备日渐激烈的同时，另一方面没有停止请求日本撤兵。

袁世凯最初要求朝鲜政府请求日本撤兵，朝鲜政府行动缓慢，其自身

---

① 陆奥宗光.蹇蹇录[M].赵戈菲，王宗瑜，译.北京：生活·读书·新知三联书店，2018：26.

亦亲自请求大鸟公使，我国一旦出兵，其竟做出世间国家都不会做出的举动，一旦看到他国出兵，却以紧急狼狈不当的言论催促其他国家撤兵，此请求根本无法接受。于此，李鸿章利用大军恐吓乃惯用手段，大前天自烟台传出电报，传闻李鸿章准备派五千人的大军，前天二十二号晚上烟台再次发来电报：六千清兵已向朝鲜方向进发。

"此次派出的大股部队将于何地登陆呢，是牙山还是仁川，尽管并不能详细说明，但总之其终极目的地是京城。这样前前后后在朝清军将接近一万人。派遣此股大军前往朝鲜的清国接下来将采取什么举动呢，清军进入韩京之日从袁世凯嘴里蹦出来的一定是：没有理由要求日本撤兵。日本有必要且依据道理出兵，故针对后盾军队的不当要求，素来不可能接受，清国之举动不可能有效。如上所述，李鸿章又派出六千士兵，韩廷和袁世凯仍继续请求日本撤兵，从清韩两国传来通报显示二者皆是事态紧急的信息。据昨日韩京发至东京或地方的电报，事态日益迫切，旦夕不可测，有说：危机迫切，为保持帝国国威，终无法和平解决，应尽早采取果断处置方式。"①

6月26日，《时事新报》继续以传闻方式报道《清国持续增兵》，以此激发日本国民"自卫"情绪："传闻清国派遣六千大军，频繁有消息称在准备中，另有消息称，前天有见到清兵于大同江着陆，清兵派遣的消息迄今为止都是从烟台传出来的，前天自天津发来的电报也报道了军队派遣一事，如下：军队二百、马数十头用汽船搭载送至朝鲜。准备继续增兵五千。"②

6月28日《时事新报》详细报道《广岛第五师团愈出动》："六月二十五日上午广岛（山崎知远）出发当日的光景：停泊着的军舰吐着烟已做好出发准备，谁也不曾料想启航在即。尽管此时有装货物的命令，但出

---

① 清韓通謀事態急迫 韓国日本の撤兵を要請せんとし 危機遂に脱し難き情勢を誘発 [N]. 時事新報，1894-06-24.
② 清国引続き増兵 [N]. 時事新報，1894-06-26.

兵的命令尚未下达，因此部队按兵不动，直到23日下午，终于有了出兵的命令，于是立刻着手执行，士兵们连夜依次到达宇品港，天未亮便到达各自指定的军用船上。听说此事，为了观看出发的情景，人们纷纷聚集到宇品港，异常拥挤，士兵与马匹等全都乘船，24日上午11点一过，各船黑烟逐渐增多动力逐渐加大，正午时辰一到各船甲板齐声响起军号。及至一声汽笛响起，诸船整列，雄壮地朝西驶去。此日天气晴朗，以驾临广岛的梨本宫殿下为首野津师团团长以下各将校，于栈桥遥送此行。"①

在明治政府派出第五师团即将开战之际，日本各媒体仍通过指责清国不承诺"维护东洋和平的责任"，不理解推动朝鲜"内政改革"的"道义"，以此突出明治政府出兵朝鲜的"义战"之举。1894年7月3日，《东京日日新闻》发表评论《清国忘却东洋和平之责任 其行为致死不妥协 韩廷悔而不能》：

清廷多次称东学党叛乱已经平定，其实东党叛乱不足为京军恐惧，然而只是畏惧日清出兵，暂时收手罢了，以下为考察东学党近日之举动，不过是暂时隐匿山林以待时机。也就是说，京军上报东党败亡，其实际上是东党之徒自身退守而去罢了，并不是什么少见的奇谈，其至多是为求胜而诈败，其所擒获的人不过是取了少数良民首级佯装胜战而已。因此如果不排除这个原因，则不能认为叛乱已经平定，今日全罗道东徒之势再起就是对此十分明确的证明，我政府也意识到这一点，如是答复："不能认定东学党叛乱已经平定，且对其善后事宜无法达成一致，故不能应允立即撤兵。"

推敲当初出兵意图，并不能一下子稳妥处理矛盾、轻易撤兵。与此答复同时我政府也试图向清政府提出更为紧要的要求，读者贤达，请仔细读读上述内容。

---

① 広島第五師団 愈々出動 [N]. 時事新報，1894-06-28.

对清国之要求

此次我政府，向清国提出要求一事，极其重要且机密，虽不知悉其具体，但其大概精神如下：

日清韩三国土壤相接，其关系不啻辅车相依唇亡齿寒，朝鲜祸乱触及贵我两国利害，朝鲜之时事日益危机，此亦为贵国所了解，因此欲由贵我两国相协调，改革韩廷诸般制度，大力整顿内治，以斩断将来之祸根，劝诫韩廷稳定百年大计。此事我国并无他意，唯望帮衬朝鲜独立，以维持东洋之和平。

清国不接受

尽管我政府有此番真情好意，然清国政府拒绝，且其仍然重复之前的论调：东学党业已平叛，双方宜尽早撤兵，因此，如我兵尽撤，同时贵国亦将部队撤回，则韩廷不会不听从贵我两国之劝告协议。

我独力之劝告

清国政府不接受我之协议，我国亦毫无办法。因此我政府训令大鸟公使以我一国之名义劝告韩国，近日大鸟公使与韩廷间展开激烈辩论的传闻似乎就事关此事，且大鸟公使在牙山就清国将官认为朝鲜素来为中国属邦这样的论断同袁世凯展开争辩，同时问责韩廷，就此事大鸟公使怫然不悦、据理力争。尽管清国不同意，我政府毅然保持同一地位，试图以己之力劝告韩廷，这是何等宏图之志，我政府决心之坚毅，查看前日以来之形势，这是十分清楚的。

清廷之狼狈

李鸿章当初认为与日本交战不可避免，假令派遣大兵入朝，然内部会商困难重重，政府威信尽坠，又无法承受长期海外驻兵产生的巨额经费，此时我国护送大兵至朝，此种情况下开了战端，他为日本人压得抬不起头又别无良策，听闻其言说大好机会就在今日，气宇轩昂、眉宇俱扬，此刻起舌根未干，这三四日间，他向在北京、天津的外国使臣就日清间矛盾乞求外交上的调停援助，同时命令驻牙山的士兵、仁川的军舰，没有指令前不得妄动。其采取了如此与最初的态度不相符的毋行动，一是未曾料想我国大举派兵，但我国突然意外派兵，且彼时之威风完全在其意料之外，另一个原因是，清政府为西太后庆祝六十寿辰，此为嘉祥之年而与他国交兵是不吉利的，假若不能战胜更是对祖宗在天之灵的不孝不敬，非战派理由大体如此。再者，李鸿章认为，日本政府力量较弱，但国内舆论四起不可遏制，如承此之势开战，可能如前些年与法国那一战差不多（会战败，或者会割地赔款）。据报道曾纪泽在法国频繁贿赂反对政府的新闻业及议员，尽管这种趁法国人心疲惫之际更易收买的策划为当时欧洲人所耻笑，但它确实达到了一定效果，由此想必认为我国与法国会采取同样草率的决断吧！且不难料到清廷将最终采纳总理衙门也就是李鸿章的建议。①

如上所述，从金玉均被暗杀事件开始，到随后的朝鲜爆发东学党起义清国和日本出兵以及面对清政府提议清国与日本一起从朝鲜撤兵，日本各新闻社在进行报道和评论中，无视国际形势的实际情况，也违背近代新闻应有的客观和中立原则，借助偏差性的事实报道和评论，面向日本国民愈来愈明显地酝酿出以日本为中心的道德感，以此"合理化""美化"明治政府出兵朝鲜。这体现在从对金玉均的同情心到对清国的猜忌和敌视，进而产生由日本推动朝鲜"内政改革"的"道义感"，并不惜为此将与清国开战视为"义战"之举。日本各新闻社所推动的对清开战论，最终与明治政府内部以外相陆奥宗光为代表的强硬派所推动的对清国开战政策汇集到一起，互相呼应日本国应该且必须与清国开战这一结论。日本各新闻社这种偏差性报道和评论尽管与现实偏差越来越大，甚至达到完全无视相关国朝鲜和清国的程度，但却在日清正式开战之前就将这种敌视清国、为了推动朝鲜"内政改革"不得不与清国"义战"的开战动员直接渗透给日本民众，随后日本民众以此为依据"自觉"参加日本国即将开始的"义战"。

---

① 清国は東洋和平の責任を忘却、其の行為飽までも非妥協、韓廷悔ゆれども今更及ばず [N]. 東京日日新聞，1894-07-03.

第二节 战争期间日本新闻报道中的战斗叙事

只有足够的事实和多维视角才会让每一个个体有正确思考的可能，并且使得思考呈现差异性和多样性，从而使得多数个体的认知达到理性的可能。但特定的视角以及不充分事实的呈现却能使个体思考变得困难，个体只会成为新闻媒体有意制造的偏见的一部分，由此与这种偏见相适应的情绪在受众者中共享。

甲午战争期间，日本各新闻社的战争报道放弃了近代传媒应该坚守的中立以及客观原则，主动选择在日本国家的立场上，选取相关视角和部分事实报道各种战斗场面，制造话语鼓动日本民众支持明治政府的战争，因此日本各新闻社与明治政府、日本军队一样，成为日本国对清国开战的组成部分。这种报道具体体现为丑化清国和清军、美化日军的战斗英雄和战绩战功以及鼓励日本民众参与和支持战争的国民"自觉"。通过上述新闻报道构建出日本国民与日本国"举国一致""官民一致"，通过"义战"惩罚清国清军的政治叙事话语。这种政治叙事话语尽管既不中立也不客观，但并不妨碍经过新闻报道的不断传递，成为日本民间最主流的战争认知。这种战争认知由此也成为日本国民理解和参与战争的逻辑和情感依据。

一、被丑化的清国清军

1894年7月25日，随着日本海军在丰岛海面向清军海军开战，以及日本陆军向驻守在牙山的清军开战，清日正式开战。清日开战以后，日本新闻报道的重心迅速从开战动员转移到具体的清日两军对战场景上。但对于最初的清军与日军的对战，日本新闻报道仍延续着将明治政府的扩张战争转变为"被迫迎战"的叙事视角。

8月1日《时事新报》以标题为《清国摘掉面具海陆进军、战意显然公使匆忙归国》，即清国"主动挑战"、日本"被迫迎战"的方式报道清日开战。"清政府一边假借诸外国之手频频做和平谈判，另一边却背地里忙于备战，欲从陆路向义州大举进兵，从大沽、旅顺调遣海军到达朝鲜，急切准备出师。如此，一旦着手整顿装备，也就明显意味着清政府要摘掉和平谈判的面具而于我付之干戈。上月二十五日其疑心生鬼，在朝鲜海与我军舰相遇径直发炮。表面要和平，背地却备战，此为清原本之策略，准备已经充分时，则于昨日突然摘掉前几日的面具断绝两国和平之交际，表明开战之意。清国驻日本公使汪凤藻，昨日送文书至我政府，表明清国政府断绝与日本国的和平外交之道，今后两国将处于对立交战国地位之主旨后就奉命迅速关闭使馆匆匆回国，并照会我国3日奉旨启程。为了东洋，日本朝野殷切期望和平解决事端，对于清政府采取如此果断之手段，我辈世人未有不感遗憾的，然时至今日无论做什么也无济于事，两国关系直接转变为交战，我国只能实践我当初之志。"①

8月7日，《国民新闻》也以标题为《丰岛冲会战，敌舰无端发炮我帝国海军不得已应战》这种日本海军"被迫迎战"方式报道日清开战。"其大致传达的海战详细信息如下：7月25日上午七点，清国军舰操江号，护送一艘运载军队的运输船，自大沽向牙山驶来，牙山港停泊的清国军舰济远、广乙两艘军舰从牙山港出发航进迎接。同时，我军舰吉野、浪速、秋津洲三舰正向仁川港方向航行，恰好于丰岛海面附近相遇。我军舰升起将旗，他们不仅没有相应的礼节仪式，且在我方毫无战斗准备情况下向我方示以敌意。然而由于海面狭窄，我三舰转向西南方向海域，不一会儿清舰便与我距离接近，突然率先发炮。于是我三舰随即击炮应战，双方相互炮击大约持续一小时二十分，敌舰遭炮击逃逸，其中一只济远号向直隶湾逃去，广乙显著减速，向东边海岸近处的浅滩逃去。其间在海面又忽然遇到两艘汽船，逐渐靠近后发现是清舰操江号，另一艘是悬挂英国国旗的清国运兵船。其时吉野追逐济远，追击并炮击数时，济远向浅海逃去，如继续

---

① 清国假面を脱し海陆に兵を進む 戦意顕然 = 公使急遽引揚 [N]. 時事新報，1894-08-01.

追击则不利，于是吉野返航。秋津洲也捕获了操江号，在其舰头悬挂我国军旗。秋津洲舰长的信号是说，敌舰投降，其舰长在我舰上，将用此舰转运我兵员并相应处理其武器。

"起先，浪速号对着清国运兵船发了一个空炮，命令其抛锚，该运兵船指令官表明只是受命与大部队一同行进。因此派遣人见大尉入船内调查，告知该船运载清兵一千百余人及武器，受雇于清国政府向牙山航行。此船陆续回答我舰提问，船长答曰：我无助而唯命贵而已，因此直接命令抛锚，乞求用小艇护送之。护送小船的派遣士官与船长对谈，船长说，清国兵不允许我继续与贵舰相行，主张应向大沽归航，此时船内骚动又对我示以敌意。且知船长以下受到清国人的强迫，浪速发出信号命令舍弃该船，对方不答应我，因此清兵强迫船长，拒绝接受我方的命令，前桅挂起赤旗，同时发出信号命令舍弃该船。终于还是决定毁坏，下午一点沉没。此时，英国船长以下悉数掉入海中，清国人见此状射击此船长。我军舰又下放小艇到海中救助船长和驾驶员、领航员等人。今日之海战我军未有一人受伤，船体无异，敌方两艘战舰遭到大毁坏。运送船上载有清国陆军将领2人，大队长4人，中队长10人，兵员千百人，野炮十门，操江号上舰长王永发等82人。"①

这种以日军陆军和海军"被迫迎战"清军的报道视角，无疑会使读者读后随即产生一种义愤的情绪，从而简单得出是清国以及清军破坏和平开启战争的结论。这就使得开战以前日本民众普遍存在的对战争的恐慌以及犹豫态度，随着新闻报道政治叙事逻辑下"合理""义战"化明治政府对清开战后，又进一步升级为对清国和清军随意"开启"战争的愤恨。这使得以往日本新闻所制造的清国敌国化政治话语进一步具体化为清军敌军化的战争认知。

为了进一步充实日本民众的清军敌军化的战争认知，挑动日本民众对

---

① 豊島沖の会戦、敵艦無法の発砲に帝国海軍已むなく、之に応戦す [N]. 国民新聞，1894-08-07.

清国清军的愤恨情绪，丑化清国清军是日本新闻报道的基本叙事策略。比如，《邮便报知新闻》7月29日报道《清舰虚有其表，内部腐蚀朽废》，嘲讽清军武器不堪使用。"清国军舰外貌修饰，与泰西诸国相比也不逊色，但舰内器具等极其不完善，大炮之类从外观上来看尚可，美观但内部腐烂生锈，特别是小炮一类内部基本全部腐蚀完全没有实际效用，这是有人看到的前些年来航我国的定远号的真实情况。清舰中第一位的定远舰尚且如此，其他可想而知。"①

8月4日，《国民新闻》在报道《陆军初次会战，成欢陷落，牙山要塞无可倚靠》中，嘲讽清军毫无斗志，一战就溃败到"打算从群山附近乘坐朝鲜船返清""（8月3日上午9时40分釜山发，信浓川丸报）29日上午3点开战，激战5小时后，以我军尽毁成欢驿堡垒取得全胜而告终，清国兵死2800余人伤500余人，我军死伤将校5名，下等士兵约70名。清敌向洪州方向狼狈逃窜。恐怕是打算从群山附近乘坐朝鲜船返清吧！缴获军旗数面，大炮4门，其他东西堆积如山。继续前进追击捣毁牙山根据地。以上为7月31日大岛少将从七原报告的。关于溃败逃跑的清兵动向以及占领牙山根据地的详细情况请等待后续报道。

"第一陆战地作为此次日清两国第一冲突地的成欢，临长河，为连亘山脉所包围，河岸近旁尽是沼泽农田，阻碍京城至牙山之兵的牢固防守阵地。尽管清兵号称两千五百余人，但观察其地形，倾斜半数牙山兵力防御足矣。清兵据此铜墙铁壁，拼死固守，此次胜利就不可等同于寻常胜利，我军之勇武，清兵之怯懦，如此可察。十年之役发生的田原、植木与成欢情况类似，田原坂一旦陷落，则植木町不可守，若一举攻破成欢，长驱直入牙山，颠覆清军之大本营，将残兵推挤至南阳湾，则可凯旋而归京，被迫从平壤跑京城之清兵，即使尚有余勇短期内是不会出战的。植木与成欢的差别只是地形的险夷罢了"。②

---

① 外見ばかりの清艦、内部は腐蝕朽廃 [N]. 郵便報知新聞，1894-07-29.

② 陸軍最初の会戦成歓陥る 牙山の要害遂に憑むべからず [N]. 国民新聞，1894-08-04.

在这则日军与清军在成欢的遭遇战的报道中，除了强调日军"全胜而告终"以外，报道中这句"清敌向洪州方向狼狈逃窜。恐怕是打算从群山附近乘坐朝鲜船返清"，完全是记者的揣测。这种揣测与其说是基于日清双方军事态势做出的判断，倒不如说是借着这场胜利对清军进行嘲讽。因为即便清军在这场遭遇战中失利，也不至于到溃逃回国的程度。但这种主观揣测式的嘲讽报道，很容易就会让读者产生清军毫无斗志、日军英勇战斗的鲜明对比，进而步入崇敬日军而贬低清军的思维轨迹。

偶尔也有日军从军人员记载其所目睹的清军勇敢事迹，但不会作为新闻报道为日本民众所知。比如，随军摄影家龟井兹明在日记中记载一名清军士兵被俘后一心求死拒不泄露军机的事迹："这个中国人在便服下穿军装，且携带从旅顺口到复州的信件数封，内有倭1000许袭击我之语，因知晓是敌之骑兵。牵到斋藤少佐的营房，少佐命翻译拷问，想知道敌情，但他只说名叫王清福，年24岁为一名弁用，再不讲一句话。只说，我是清兵要杀快杀，向路旁石岩上撞，碰破头颅企图自杀。斋藤少佐痛斥其无谋，他顽强不听，只管要求赐死不停。又说我先日得到命令到旅顺口，现在将回到复州省亲，不幸在此受被俘之辱，不仅如此，被委托带给朋友和家属的问候信件也被没收，且无面色活着见人，此为弃生求死之理由，今请速速斩首，言谈自若毫不惧色。"① 龟井兹明这种作为个体的真实记录绝不会呈现在日本新闻社的战斗报道之中。甲午战争期间，日本各新闻社的战争报道中，即便是亲临前线的记者，都有意选择丑化、嘲讽和批判清国清军的叙事策略。

到了甲午战争的后期，日本各新闻社则围绕清军虐待日军尸体一事大肆批判清军野蛮。比如，12月4日《时事新报》报道《日本兵首级放在地板上，清兵之野蛮不可理喻》，以此刺激日本读者将清国和清军的印象升级到野蛮毫无人性的地步。"清政府之野蛮无需说，他们甚至不理解战争

---

① 龟井兹明. 血证——甲午战争亲历记 [M]. 高永学，孙长信，译. 北京：中央民族大学出版社，1997：64.

为何物，不得不为之惊叹，其治下之人民，老早就接到布告，如果献纳日本人之首级可给予一定赏金，这些贪得无厌之徒，除金钱之外脑里空无一物之辈，其士兵自然不用说，是最迫切想求得日本人首级的，18日时，我侦察兵与敌前锋突遇，敌军已经不管不顾自己朋友或死或伤，而热衷于获取日本人首级，不仅残忍地将其首级与手足切断带回去，我军占领旅顺市街的时候，在一户人家，发现了18日战死的中满步兵中尉的首级放在地板上。"① 这是一个日军军官首级被割的事件，关于这一事件的报道极为具体，应该是随军记者发回的报道。这名随着日军第二军攻占旅顺的记者不可能不知晓日军占领旅顺后对手无寸铁的平民和投降清军进行大屠杀的事实，但他只是谴责清军虐待日军尸体，却对日军第二军占领旅顺后四天之内残杀了约两万名中国民众和放下武器的清军士兵视而不见听而不闻。

但同在旅顺的英国《泰晤士报》记者托马斯·克温（Thomas Cowen）、纽约《世界报》记者詹姆斯·克里尔曼（James Creelman）等记者发现了日军屠杀平民的事实，并从11月26日起向国际社会进行报道。对近代英美等帝国主义国家来说对外发动战争并不足为怪，但在战争中屠杀平民和放下武器的士兵是帝国主义国家也不能够接受的野蛮行径。因此日军制造的旅顺大屠杀震惊了国际社会。由此国际社会才知道原来这场日本以所谓"文明"名义发动的战争竟然有如此野蛮行径。而日本新闻界面对国际社会对旅顺大屠杀的报道，不但不以此为契机报道事实并且反思这场战争，相反却开始百般辩白，批判英美没有评判日本的资格。"费城的圣迪·布赖斯说，旅顺陷落当时日军屠杀无辜的流言，最近在英国舆论甚嚣尘上。然而三十年前，英国海军士官未发布宣战通知，忽然炮击长崎，恫吓无辜的行为却为伦敦时事所包庇，英国人民对此也不辩解。吾辈不知英人之偏颇，但关于文明战争，吾辈未见过有如英国之暴行者。"②

即便在战争即将结束之际，日本新闻界仍通过丑化清国的方式"合理

---

① 日本兵の首級を床上に安置す 清人の野蛮度す可らず [N]. 時事新報，1894-12-04.

② 英国の非文明日本を評する資格なし 米国公正の論断 [N]. 毎日新聞，1895-02-06.

化"明治政府发动的战争，以此对这场战争进行定性总结。对日本新闻界而言，他们不可能不知道这场战争给双方士兵造成的伤亡、给身处战场无处可逃的朝鲜和中国东北民众带来战争灾难等事实。然而由战争造成的痛苦体验并没有作为他们界定和反思这场战争的逻辑，相反，由于这场战争日本胜利了，在战争即将结束之际的反思也就变得没有必要了，因此他们仍旧延续着开战前的"战争合理化"论调。

1895年1月26日，《时事新报》发表评论《开战之原因：清国官吏的腐败》："此次日清两国间无端冲突，最终以至于兵戎相见，尽管很多原因是清国的妄自尊大、无知浅薄，但对老帝国表示同情的国家的人们，动辄评议是日本喜欢把事情闹大。在这些人中有一个英国人游历北清许久探究事情真相。这段时间他来到日本，他说，此次开战，清国妄自尊大、无知浅薄是其原因是毫无疑问的。但这只是表面的原因，其真实原因是清国官吏的腐败，清国官吏一旦有国事就会消费国库之金，将其中几成私吞是常有的事。现在看清国官吏的富有程度，应该是都受到了此次私利。去年朝鲜问题发生，日清两国开始交涉的时候，在他们的心中就未尝有国家之利害。只有当两国发生战事，在这期间他们才有可以营私利的机会，一切万事都依此私心应对，指望两国间不发生战事是根本不可能的，这才是开战的真实原因。像卫汝贵之徒就按预期打算那样掠取了士卒俸禄中饱私囊，其他这样的事并不在少数，只是他们不幸的是做了败军，暴露了其罪行，清国官吏今日腐败如此，不能指望其不误事。"①

二、塑造"慷慨赴死""义勇奉公"日军"英雄"形象

依据1895年9月出版的《日清交战陆海军义勇献纳者名誉记录》的记载，日本陆军因战死、战伤而死、病死、溺死、行踪不明以及其他等宣告死亡的人数为3029人，日本海军因为战死、战伤而死的人数为163人。②

---

① 開戦の原因は清国官吏の腐敗 事あれば私腹が肥える [N]. 時事新報, 1895-01-26.
② 志村友吉. 日清交戦陸海軍義勇献納名誉記録 [M]. 東京：苞光堂, 1895：241-242.

上书所统计的这些因为战争而死亡或失踪的日军官兵，与同样战死的清军官兵一样，都是残酷战争的牺牲品。死亡不仅意味着这些鲜活生命的消失，同时带来的还有他们的家庭在精神上产生的巨大的悲伤与痛苦，以及部分在经济上依赖这些官兵的家庭甚至由此而陷入困顿。这种因为战争带来的死亡以及悲剧本就是真实战争的组成部分，也应该在战争报道中占有一席之地。但甲午战争期间，日本关于战死日军士兵的报道所采取的视角却不是直接从这些消逝的生命出发，而是从日本国的战争视角出发，将战死的日军官兵塑造为"义勇奉公"的"英雄"，淡化和忽视战争直接给日军官兵及其家人带来的死亡和悲伤等痛苦体验。

如上所述，甲午战争期间，对于战争中清军的报道，日本各新闻社丑化和嘲讽的叙事策略，并不在意清国官兵的战死和战伤；对于战争中日军的报道，往往采用赞美和美化的叙事策略，不论是对日军个体的报道，还是对日军整体的报道，其评判的标准就是其是否英勇参加日本国的战争。而战争中日军对战争的所思所惑、对行军作战的抱怨、对死亡负伤的恐惧等这些真实的情感，并没有出现在日本的新闻报道中。出现在新闻报道中的日军官兵都被统一塑造为日本国战争"义勇奉公式"英雄。

最先被日本新闻报道并被塑造为英雄的是陆军松崎大尉。8月10日《读卖新闻》报道《松崎大尉战死、安城河畔之激战》："二十九日上午三时右翼军渡过安城渡口，连日降雨河水水位上涨，浅处亦几乎无法通过，松崎大尉挥剑，率众抢先渡河，全军陆续跟上，溺死数人，岸边有人家十几户，前面的部队通过民舍，后面的部队刚要通过，突然五百名伏兵出其不意蜂拥而至袭击我军，我军殊死奋战，松崎大尉于此处战死，我军逐步攻入敌军内部，旋即开始了炮击，激战进行了一个小时，清军大败，伏兵于是逃向成欢驿堡垒，我军奔走追之，直至不见一兵一卒。"[1] 此后其他新闻社也纷纷报道松崎大尉的事迹，使其迅速成为日军"义勇奉公式英雄"，

---

[1] 松崎大尉戦死安城河畔の激戦 [N]. 読売新聞，1894-08-10.

也成为激励日本国民支持和参与战争的"榜样"。日本新闻界甚至借天皇的权威进一步强化松崎的"英雄"形象。"皇太后陛下在旅行途中作为消遣向陛下赠送了日清战争锦绘,陛下格外感兴趣,跟侍臣打探松崎是谁。陛下从未像今日这样为日清战争劳心费神。主之心即民之心,民之心即君之心,一视同仁之圣心劣夫亦受鼓舞,坚甲利兵亦受鞭策。大本营受此感动,广岛受此感动,北面武士受此感动,日本国民亦受此感动,松崎大尉之荣耀亦愈大。"①

对于海军战死军官也是如此报道。"17日发生的大海战有着前所未有的拔群出类之功,能够以小博大,为我大日本帝国赢得了空前的大共荣,主要仰仗海军将校殊死战斗,这是诸军将校的姓名:海军少佐坂元八郎、海军大尉高桥义笃、海军大尉志摩清直、海军大尉濑之口觉四郎、海军大尉永田广平、海军少尉伊东满嘉记、海军少尉浅尾重行、海军大军医三宅真造、海军少军医村越千代吉、海军大主计石冢铸太等十人身葬黄海,然其英名不仅对于今日之日本国民中,也将在子子孙孙中传递下去,永享世人感恩,其功绩不仅于东洋,亦光照世界。"②

对于战死日军士兵的报道,10月6日《时事新报》报道《以死保卫火药库之安全、勇敢的水兵浑身受伤仍问"定远还没沉没吗?"》:"海洋岛附近的海战,各舰将校乃至下士,其奋勇之甚迄今无它,最近军舰松岛号的副舰长向山少佐,对一些人讲述了当时的一些情况,敌弹破坏我舰,一时间血肉飞溅,出现了很多死伤者,士兵见此惨状,多少担心有些挫伤士气,然而他们愈战愈勇,跨越众多尸体殊死奋战,实在让人惊叹,平素就在战舰上的我,亦没有想到他们如此勇敢,实际上一等兵曹某及那个不知名的四等兵能够护卫下层的火药库,不顾敌人的炮弹余火仍在下层燃烧的危险,他们并没有无动于衷,而是脱掉自己的衣服盖到烟火上以使其密闭不扩散,防卫我战舰之危险于未然最应受到赞赏。此战斗中有一个水兵,

---

①　锦绘＝天覧に入る [N]. 国民新聞, 1894-11-20.

②　身は黄海の泡と消えて　英名千載に朽ちず [N]. 時事新報, 1894-09-23.

身上创伤十余处面部被火伤得奄奄一息，看见我仍喊我副舰长大人，用艰难的声音问：'定远舰沉了吗？'因此我答道：'不要担心，定远已经无法发炮了，接下来就是镇远！'他微笑着：'请为我报仇！'说完这句话就咽气了，临死之前尚且关心战败之结果将如何，我的心中满腔悲愤，这水兵是何等勇敢啊！"①

随着日本媒体围绕这种战死"英雄"式报道的增多，在日清开战三个月后，日本出版界就已能够将新闻报道中战死的日军官兵事迹汇总形成《日清战争义勇列传》。该书通过添加各种"慷慨赴死"的情节进一步强化日军陆海军军官为日本国而战死战伤的"义勇"。

《日清战争义勇列传》中包括如下内容。海军少佐坂元八郎战死"留千古不灭之英名"。海军大尉高桥义笃"于黄海名誉战死"，战死前"常训诫其妻曰：凡军人者何时殉职于国难不可测也，予有幸战死，足以瞑目。汝勿徒自沉浸于悲哀以辱家门，应齐其家勤俭自立，以质朴为家风"。海军大尉志摩清直"中弹而亡……负责送达其战死消息的办事人员担心其家人悲伤而一时踌躇，但当时在佐世保服役的亲弟弟接到其战死电报后毫无惊色，云：为国家高尚之忠诚赴死，乃军人的本职，清直的夙愿，说话间毫无悲哀之色"。海军少尉伊东满嘉记"满身报国之丹血染红鸭绿江外之水，白浪为之变红……其常曰：一旦缓急与敌舰海上相见，我以一死葬身鱼腹，呜呼！死或重于泰山或轻于鸿毛。君今处其重者，成就平昔之志，是男儿一死不足惜……不敢辱没其族名，死而有荣"。海军少尉濑之口"年仅三十一岁没有妻儿，唯有一个弟弟"。海军大军医三宅贞造"这次在海面炮声隆隆如同摧天毁地莫可名状的壮绝快绝的场景下，与村越军医在比叡军舰的治疗室接诊患者，此时敌舰击中船身爆炸，其腰部受伤，终于以军人最大的荣誉战死"。海军少军医村越千代吉"被大炮命中，然后得到军人荣誉战死"。陆军大尉松崎直臣"呼吁！于异域奔劳素为男儿

---

① 一死以て火薬庫の危険を護る、勇敢の水兵満身創痍の下より'定遠はまだ沈みませんか'[N]. 時事新報，1894-10-06.

可期之快事，而后进军平壤奉天府北京，使清国达成城下之盟，犹知几多血雨弹丸。今良将如君阵亡于成欢，痛惜之至"。陆军大尉神田音熊"接到出征命令，面露喜色曰：十年之志今日方达，报国时刻来到"。陆军大尉田上觉"出征途中致信夫人曰：汝若接到吾战死消息，绝不可惊讶，也不可在他日军队凯旋回国之际，看到其他军人立战功而回，唯独吾战死而生悲伤"。陆军中尉今井健"两军苦战之际，其在如雨弹丸间挺身而出，勇敢奋战，为敌军所注意，遂被弹丸击中。战死时三十一岁，其并无妻子儿女，家中只有老母，但兄弟很多可以赡养……呜呼！我四千万国民做出牺牲，其作为军人以最大荣誉战死，九泉下瞑目"。陆军大尉田实义"其向其父要求从军，其父不准，再三请求仍不准，其愤愤然，偷偷怀揣匕首离家，家人见其神色异于往常，尾随其后至无人处，其仰天长叹，呜呼曰：我有幸生于武家，于国家有事之际，不能以死以谢宏大国恩，没有比此更大的侮辱了，于是拔出匕首将要自杀，其决意如此，家人大惊，从背后握住匕首对其百般安慰后归家，其从军夙愿达成……平壤之战其一日曾对他人曰：身为军人，受君主之命令，征伐遥远异域无礼之徒，愿一死而已，若偷生惧死，有何面目上对大元帅陛下，下对四千万同胞……为大日本帝国大胜利而战死"。陆军中尉山本"勇猛奋战遂中弹而死，呜呼可惜，其常对人曰：人死易，保全名节而死则难，今其死保全名节"。海军少尉浅尾重行"其凌晨一点半战死，昨日的战斗关系国家安危，故司令官以下乃至各士兵，尊奉天皇诏书忠战至死，上安天皇所虑，下则向世界表现四千万臣民的光彩，虽死犹荣"。①

毋庸讳言，战争会直接给双方官兵带来死亡并给战死官兵家属带去痛苦，同时战争导致的死亡和痛苦也会相应地让参与其中的人产生痛惜，以及早日结束战争的愿望，甚至反思战争的认知与情感。但甲午战争期间，日本新闻界通过将战死或者战伤日军塑造为为日本国而战的"英雄"，从

---

① 左氏壮吉. 日清戦争義勇列伝 [M]. 東京：栄進堂，1894：1-22.

而阻止日本社会形成惋惜消逝的生命、早日结束战争乃至反对战争等思想的出现。具体的表现是对战死日军的"英雄"形象的塑造以及总体上对战争进行"义战"式美化，这不仅能够阻止反思战争声音的形成，而且能够激发更多的日本民众以这些战死日军为"榜样""自觉"参与和支持战争。

对于这些所谓"以军人最高名誉战死"的日军军官"英雄"形象的塑造，大多是以书信形式或者是以与周围人对话的细节直接呈现出这些战死军人为了日本国"慷慨赴死"的决心，以及这些战死军人的家属以战死军人为荣的壮举。这些书信或者对话细节是否真实存在难以确定，但通过这种细节所宣扬的战死日军的"英雄"形象却迅速被日本民众接受，成为激发日本民众作为日本国的国民支持和参与日本国战争的重要"榜样"力量。至于这些战死的日军临死之际是否后悔死在异域他乡、战死日军的家属是否因为亲人的战死而痛苦连连，以至于开始反感、痛恨这场战争，等等，这些人之常情仅仅只能停留在个体的认知和情感层次上。作为个体的认知和情感反应并不会被日本各新闻社报道，日军官兵战死所引发的悲剧被刻意无视，无法成为日本民众界定和评论这场由日本国发动的战争的依据。这一点日本各个新闻社非常清楚，因此尽管报道中出现了个体式的战争认知，但这些个体都被塑造成为日本国"慷慨赴死的英雄"，是为了日本国而战的"英雄"，并没有呈现出差异性表达。这种个体的"英雄式"塑造，意在激发更多的日本民众支持和参与日本国的战争。

三、战胜与占领

除了采取将战死日军塑造成如英雄一般"慷慨赴死""义勇奉公"的叙事策略以外，甲午战争期间日本新闻报道还通过详细报道陆海战细节强化日本陆海军的胜利，以及日本对各地的占领，以此作为评价这场战争的绝对标准，吸引并维持住日本民众对战争支持的动力。

关于日清的海战。8月21日《时事新报》进行如下报道："十日拂晓我舰队袭击威海卫，没有发现清国舰队，先躲进港内侦察敌军情况，扬威、飞虎二舰之外只有三艘运送船，尽管为引诱它们出动而发炮，但敌舰并不应战，只是在炮台发发炮而已，我舰队于是只能返程。此次行动我军亦切断敌人于港口铺设的水雷线。"①

9月21日，《时事新报》又大肆报道《黄海大海战、帝国海军大捷、清国海军无力再起》：

广岛9月20日特派员足立庄氏发

刚刚大本营布告如下

9月19日釜山发

16日下午5时本舰队第一游击队赤城、西京等十二艘军舰越过海洋岛向大孤山冲行进，17日上午11时45分发现敌舰定远、镇远、靖远、致远、来远、经远、威远、扬威、超勇、广甲、广丙、平远十二艘及水雷艇六艘。下午12时45分，激战中我军舰西京身重数弹方向盘毁坏，不得不利用假舵航行，下午3时15分就在要追上敌舰的时候，对方发射了两枚水雷，然而毫无奏效。我军舰（西京）假装沿根据地线路行进，本日（18日）上午1时45分返程。本舰（西京）列队之外出行时，发现两艘敌舰废舰，我其他舰队没有发生血战。今早（18日）最上川丸在大同江冲遇到松岛号，其带来了消息。该消息称，昨日（17日）海战我军大胜，本舰（松岛）不知驶向了何处。昨日一到抛锚之处又为了援助第二游击舰队从战地启航。各舰队分开的原因是要护送陆军且要援助之。军舰比叡在战斗中失火因此排出阵型之外，火势控制后又搞不清楚舰队所在位置，今早（18日）10时平安靠港，该舰死亡20人、负伤34人。本舰（西京）负伤12人，本舰射发炮弹数三十拇半四筒，其他二十一拇以下。

9月18日下午4时30分

海军军令部长 桦山资纪

---

① 威海衛の清艦、我が挑戦に応ぜず [N]. 時事新报，1894-08-21.

大本营①

9月21日日本《官报》也详细报道日清海军黄海战斗：

黄海大捷之详报 伊东联合舰队司令长本月19日发来电报如下：

护送陆军，12日到达仁川港海域，14日第二游击军与以及八重山留在仁川港，率领其他诸舰出发，15日到达大同江，与第三游击军的水雷艇、磐城、天城到铁岛援助陆军，16日本舰队与第一游击军赤城、西京率12艘舰从大同江出发，17日经朝鲜海洋岛到达盛京大孤山海域，遇到敌舰队14艘军舰、水雷艇6只，午后12时45分到5时进行了数次激战，最终，来远、扬威、超勇三舰，靖远、致远等四舰被毁沉没，其他也大多到了大的重创，定远、经远起火，足见战况颇复杂激烈，日落时分敌舰队朝阜城县方向逃去状，故我舰队为阻拦之，大概采取了和其并行的航线，夜里为防备敌人的水雷舰，因此余下的行程保持了一段距离，摸不清楚敌人的位置，然而期望第二天天亮时务必能将其找到，于是朝庙岛方向航行，结果第二天天亮一艘敌舰也没发现，因此考虑敌舰或回到原地，于是折回昨日战场，远远辨认出两三只在冒烟，不知逃去亦不知所在位置，前日因着火搁浅被弃置的损坏的扬威号，先回到了当地，西京受军令部长屡屡派遣陷入危险，所幸无事也于本舰队之前返回，此战役我舰队没有被击沉的，但多少受到些损坏是毋庸置疑的，其中松岛受损最重，已经妨碍执行任务。我舰队死伤者如下：

战死将校10名，下士69名，与负伤舰队合计，将校下士共战死160人，其中松岛、赤城、比睿最多，此役比睿、赤城进行了最艰辛的苦战，比睿与本队分离后，在苦战的结尾被安排运送伤兵先行返回当地，据说还与海门一起为搜寻本官再出发。②

---

① 黄海大海戦＝帝国海军大捷 清国海军再び起つ能はず [N]. 時事新報，1894-09-21.

② 黄海大捷の详报 [N]. 官报，1894-09-21.

10月9日《时事新报》以赤城舰的视角报道海洋岛日清海军战斗：

明治二十七年九月十六日，本队及我先锋队共同从抛锚地出发向海洋岛航进，十七日上午六时五十八分遵照旗舰命令登陆海洋岛视察湾内，十一时十五分辨认出敌舰队于大孤山抛锚地的方位，午后二十分战斗准备就绪。下午一时九分开始战斗。此时定远、镇远二舰方位在我右侧，我舰与之炮击颇为勉强，这是因为遵照了旗舰的命令到舰队的左侧，如此我舰不能按照正常速度行进不知不觉处在孤立形势下。同时，二十分左右敌舰来远及敌右翼诸舰，突然向我舰进攻，其距离仅仅八百米左右，我右舷炮与之进行了猛烈的射击，打到来远号舰桥上空无一人的程度，此时第一分队队长海军大尉佐佐木广胜负伤，海军少尉候补生桥口户次郎战死。因此航海士兼分队士海军少尉兼子昱（佐佐木昱），代替佐佐木大尉到后方炮台指挥。同时，二十五分左右敌诸舰通过我舰尾并击中我舰桥，舰长海军少佐坂元八郎及属下一班速射炮员两名当即死亡，两名负伤。航海长海军大尉佐藤铁太郎舰长代为督战。此时我舰前部甲板中敌弹，前部弹药库防火队队员死四人，一人负伤，毁坏了蒸汽管。除破坏了前部上甲板另外一弹炸死了两名泵炮员、一名插索手，从我船尾驶过的来远、致远以及广甲等诸舰追击我舰，由于蒸汽管遭到破坏，前部弹药供给不上，如果一定要配给的话势必要废弃送风机，废弃送风机的话则又一定会减慢速度，陷入了进退维谷的两难境地。我旗舰向右调转方向，以和敌舰相距稍远为契机，机关长海军大机关士平部贞一下属部员紧急迎战修理，由于不得不减慢速度，幸好没有突然遭遇敌舰的靠近，但敌诸舰也渐渐加快速度追击我舰，不得已调转路线向南并大力发射船尾诸炮以期阻止敌方的追击，一班速射炮甚至分配了信号兵继续进行发射。这时候敌弹数枚已击中我大樯，导致大樯损坏，因此直接将军舰旗悬挂至前樯，捕索手在折断的大樯顶立上旗杆。三时十五分，来远等诸舰已经到达我舰后方三百米开外的位置，来远发射的炮弹再次击中我舰樯击伤航海长，此时舰尾的炮员炮击最卖力。二班分队长海军大尉松冈修藏代为督战，掌炮长海军上等兵近藤多藤治代替松冈指挥前炮台。同时刻二十分我舰发射的第四枚炮弹击中来远后部甲板，该舰燃起了熊熊烈火，敌诸舰为救该舰减缓速度聚集到该舰周围，我舰逐渐到达距离敌军七八百米的地点。同时二十三分航海长完成医治，再次来到舰桥代替松冈大尉，同时三十分因为敌舰远去命令兵员暂停行动，延缓速度着手修缮蒸汽管。此时我舰队在远处猛击定远、镇远为靠近敌舰将航向转向北方。同时四十分进行军事检点补充兵员，命令休憩。四时五十五分蒸汽管修好，命令全速行进，五时五十分与本队会合。

以上报告

明治二十七年九月十九日

追溯该战斗期间负伤者并不那么多，主要是仰仗军医长以下治疗所配置的诸医疗人员非常尽职尽责，战斗力不减是本舰最幸运的事，而且战斗中战斗后乘员士气极为良善。[①]

对于日清双方的陆军战斗，日本新闻报道围绕着平壤战役展开。9月28日《时事新报》报道：

平壤攻击战是近来少有的大战争，说其事关日清两国安危也未尝不可，平壤城，据要害之地而建，其不仅占据极为有利的地形，成欢战败后亦是在防卫上着力最多的，天然的险要地形加上人为的防御，想攻陷平壤绝非易事，更何况驻守的部队听闻是清军中的精锐部队奉天府的盛字军，李鸿章部下的盛字军以及奉天军的马队加入，再加上成欢之战的败兵，其总兵数不下三万，据韩国人异口同声称，总兵数实则超过四万，武器总体而言亦十分先进，大炮为克虏伯式山野两炮，枪为连发式毛瑟枪和斯宾塞

---

①　赤城艦報告海洋島の大会戦 [N]. 時事新報，1894-09-28.

枪，上述武器先进程度与文明国新式部队相比丝毫不逊色，我国更是无法匹敌，特别是平壤的韩国人又都视清兵为同伙，为清兵提供诸多帮助，平壤之敌军可谓占尽优势，然而我军孤军深入敌方阵地，又极不适应气候（白昼90度，夜晚45度①）。粮食方面除了玉米、粟等粗粮之外没有别的，非常艰辛。据守要害的清军相当安逸，攻下平壤其困难可想而知，如不讲究战略犹豫数日，恐怕攻城之苦不会少受。实际上我作战方面也不允许这样，对方在第五师团团长到达京城后一两日，立即派出混成旅团，在这之前混成旅团从成欢凯旋之日立刻就攻向平壤，占领临津江开城府，一户少佐出发，以及兵部站的配置等，着手总体准备，也就是第五师团的作战计划书，从师团本部派出一个支队兵分四路进军，也就是元山支队13日到达松桥，14日前往顺安，15日直奔平壤。朔宁支队沿大同江到麦田洞，14日进入大地境洞，15日直奔平壤，师团分为两部分，一部分渡过月峰山下路沙浦，一部分渡过冰浦，到达江西县左侧队出动，甑山线路左右并进到达平壤，混成旅团十二日到达大同江南二里处的水湾桥，以牵制敌军为目的挑战清兵另一方面防备敌军，总而言之，师团的目的是五路并进，计划于拂晓时分直接开始围攻平壤。②

10月1日，《东京日日新闻》以《玄武门及牡丹台之进攻》更为具体地报道平壤战斗：

征清从军记（朔宁支队）9月16日于平壤（第二特派员黑田甲子郎手记）

玄武门及牡丹台之进攻

奉军也就是所谓满洲精锐在玄武门及牡丹台各要地修筑堡垒，旌旗飘扬其数不知千百。佐藤大佐率元山支队，从义州街道行进作为先遣部队

---

① 此为华氏度，大概折合白天32摄氏度夜晚16摄氏度。
② 平壤攻围战略 [N]. 时事新报，1894-09-28.

参与炮战。朔宁支队凌晨一点整队从露营地谨慎出发，穿过合井江，凌晨四点半左右到达敌垒对面丘陵。此时尽管听见元山支队炮击北汉山头的声音，立见少佐却尚未开始战斗而是带兵到牡丹台后侧，陈兵于距敌堡垒三百米左右的地点。此时敌军已察觉我军将采取近攻，因此行动更加悄无声息，直到看见左右堡垒出现三三两两的人，数千子弹就从我士兵头上降落了。尽管我先遣部队因来不及寻找遮蔽物产生了一些死伤者，但我勇敢的士兵相互以退却为耻，仍能够按照指挥官命令作战，此时我与富田少佐的先遣部队共前进，但为躲避敌军的子弹只能独自行动。心想今日之生死只能交给上天了，但仍向高地边缘前进。我在到达高地边缘的同时，我炮兵在我后方六七十米土围处布阵。自此敌我炮兵相互开始了战斗。我方炮弹在我头上十米左右的高空飞旋，敌人的炮弹从我头上二三十米的空中经过，有时就落在我的周围。我一个人为躲避弹击躲到了一个土馒头后（朝鲜人的墓地），在那之后又有两枚敌人的炮弹穿过土馒头，炸得土砂四起。不仅如此，敌人一旦发现我炮兵，就一齐将炮口转向队列。因此我头上飞走的炮弹简直如雨点倾下，因此见此状各部队之行动也只能暂停。这个时候元山支队转移至朔宁支队的右翼，我的周围响起了呐喊声。我朔宁支队于是占领了前方的高地。我以此为契机，离开了土馒头，朝先遣部队的后方移动。此时佐藤大佐的一队，攻击敌左翼堡垒，富田少佐一队攻击敌中坚堡垒，山口少佐一队攻击敌右翼堡垒，我炮兵按照原位置，主要攻击敌人的中坚堡垒。敌人又部署兵力大力防战，立见少将之三队持续攻击敌垒。三队朝敌营扑去，力战之呼声震地，敌军弃垒逃走，我军再次占领敌垒。而且敌人打一战丢一堡垒，知我有榴霰弹其愈发怯懦恐惧（敌方没有榴霰弹），中坚堡垒之所以被攻陷，实际上我炮兵的榴霰弹贡献最大。我三队不失时机，佐藤大佐一队攻平壤最西门，山口少佐一队对阵牡丹台的外城。攻南门的那一侧，在敌人的瞰制下屡屡遭到狙击将校兵士死伤百余人，其苦战程度可想而知。攻牡丹台外城的部队，遭遇了敌人炮弹以及嘎斯林固炮散弹，加之所处斜面一直在敌人的射程范围之内因此战斗得非常艰难。我部队处在如此艰难的位置，仍能利用地形奋勇前进。此时我朔宁支队的炮兵朝阵地前进，已经占领敌人的中坚堡垒，集中攻击玄武门，见步兵战斗甚为困难，转而射击牡丹台外城，两发榴弹完美击中其碉堡，碉堡内士兵退却，如废物般逃散。山口少佐于是受到鼓舞，再次突击攻陷了牡丹台。牡丹台是平壤城内的最高点，玄武门实际上在其瞰制之下。见此状，富田少佐一队也突击玄武门。然而敌人用泥土封死城门殊死抵抗，三进三退未果。我朔宁支队与元山支队的炮兵见此，聚集在城楼向玄武门内射击。碉堡随之遭到损毁，屋瓦散落，四根柱子空荡荡在城头……我军遂夺取玄武门。①

随着甲午战争战场转入中国东北地区，日本新闻报道叙事用词有所变化，开始从具体的战斗场面的描绘到直接使用"占领"等词汇凸显日军的胜利。10月28日，《时事新报》以《占领九连城》报道日清两军在中国东北的战斗：

广岛十月二十八日特派员足立庄氏发、义州十月二十七日发

二十三日佐藤大佐支队徒步穿涉水口镇上流鸭绿江段，突入敌背打败敌步兵三百人、骑兵六十人，二十四日夜潜入义州城外鸭绿江架桥，二十五日拂晓其他军团渡过军桥，与右翼前方据守虎山的敌军展开了战斗，大迫旅团长登上右翼的峻岭，俯射敌人侧面，敌人于是不能支撑，逃向九连城方向。此时，敌人四路队旗并举高歌猛进，登上我正对面山顶对我进行猛烈射击，我兵顽强抵抗。立见少将率旅团迂回至虎山左翼，与敌人在后方进行了激烈的战斗，大破敌营，夺取敌大炮十门，此夜露营于九连城后方要地，第五师团的先遣队也在附近露营，我（野津中将）露营于虎山东北方向。此夜，敌人频繁朝我阵地胡乱发射炮弹。二十六日凌晨四

---

① 玄武門及び牡丹台の攻撃 [N]. 東京日日新聞, 1894-10-01.

点半兵分三路逼近敌人侧面，由于敌人拂晓时分逃走我师团直接占领了该地，并派出了追击兵。敌人在九连城附近的要害之地构筑了坚固的防御工事。敌人在大连湾、旅顺口、小站、芦台等地的精兵由宋庆之督统，大概有十七八营。我军死伤将校7名，下士以下70名，敌方死亡300余人，捕获大炮34门、大小枪支及帐篷无数。[①]

11月11日，《时事新报》报道《占领大连湾，登陆后宛若空城》：

大本营告示第一百八十二号（十一月十日发）第二军着手攻击金州及大连湾，预定是六日或七日，舰队留下第三游击队及特务舰运载陆军，我军用于探海的小蒸汽船从登陆点返回，五日早晨从长山列岛抛锚地出发，下午三时在大连湾外着陆并直接在湾口巡海，这一夜在湾外渡过，六日早晨第四游击队进入湾内，无论哪个炮台都没有炮击，因此本舰队进入三山岛内，在炮台悬挂我国旗，并且像完全被占领那样把大炮朝向天空。那时让小蒸汽船及水雷艇靠近陆地视察，归来终于确认我军已经完全占领该地。因此立即派一名参谋登陆，师团长、旅团长等仅是出于视察短暂来过，已经又返回金州，炮台只留有坚守兵，因此没有进行具体的对垒，就立刻报告取得了大胜利，赤石丸派去大同江，具体不用说是向军司令官做报告。

十一月七日于大连湾

伊东联合舰队司令长官[②]

11月13日，《时事新报》报道更是从对"占领"某地的关注上转移到战利品上，具体可见《九连城附近之战利品》：

① 九連城占領 [N]. 时事新报，1894-10-28.

② 大連湾占領、上陸して見ればまるで空家同然 [N]. 时事新报，1894-11-11.

山县第一军司令官的报告。广岛十一月十二日特派员发。

大本营告示第188号

眼前无敌兵，山顶上似乎有若干敌兵，前几日的报告有误，订正如下：

九连城附近我军死伤者，将校1名，下士32名，伤者将校3名，下士108名，失踪马匹和下士各1名。

敌人的伤亡情况由于是在山里展开战斗无法精确估算，直到今日经我手埋葬的有495名，其余的河中亦有很多尸体，其总数不得而知，截至今日在各地所收缴的战利品主要有大炮74门，机关炮4门，小型枪支4384个，子弹430万零660个，精米1470石，糙米245石5斗，其他电信机械等数量也很多。以上明细将刊载在明日邮送的战斗详报上，但是以上数据之外，大东湾战利品尚没有确切报道。

十一月十日午后于九连城

山县第一司令官[①]

11月24日，《时事新报》报道《占领旅顺》：

广岛11月24日特派员发

大本营告示第202号

第二军21日拂晓，攻陷旅顺口后方陆地正面诸堡垒，敌人自始至终进行了顽强的抵抗，于是上午八点半占领毅实营练兵场西方的堡垒团，下午两点侵入旅顺，四点占领黄金山炮台，夜里十一点半占领八里仓以南的堡垒团。22日上午我军全部占领其余沿海诸炮台。我死伤将校200余人，敌死伤俘虏尚不明确，战利品，特别是大口径大炮及弹药非常多，敌兵力不下两万。

---

① 九連城附近の獲物 [N]. 時事新報，1894-11-13.

22日上午8时

大山大将

大本营收 [1]

这种"占领"的新闻叙事一直持续到战争结束。

1895年2月2日,《东京日日新闻》报道《敌方最后的倚靠消失!威海卫陷落,对大清国都威胁加剧》:

今早(1日)八点五十分旅顺发,中午十二时四十分到的电报内容如下:

第二军今早六点左右,开始攻击百尺崖西南所在的一处高地,同时舰队开始炮击百尺崖炮台。

第六师团,凌晨两点开始前进,九点半占领敌防卫线的大部分,向孤山后行进,十二点半百尺崖炮台陷落,尽归我有。此时本队,十二点半我军发出占领东口的信号(占领百尺崖山脉的意思)。敌舰在刘公岛内,白天与刘公岛(或者是黄岛炮台)炮台一起频繁向我陆海军射击。我舰队逐渐扼住东口及西口,下午四点半战斗停止。第二师团之战况尚未有着落,大概占领了腽泉汤要地。

三十日下午八时 山东龙睡湾

原田大佐

寺内少将收 [2]

2月7日,《东京日日新闻》报道《陆上炮台皆陷落,敌舰都躲在港内》:

---

[1] 旅顺口陷落 [N]. 時事新報, 1894-11-24.

[2] 敵が最後の憑みも空しく、威海衛遂に陥落大清国都の脅威日に加はる [N]. 東京日日新聞, 1895-02-02.

（五日大本营发）

2月2日凌晨两时，第二师团出动两个大队组成的侦察队，未受到敌人的抵抗，上午九点到十一点之间，进入威海卫城，占领全部正面陆地及海岸诸炮台。时下威海卫及前面所说的诸炮台各有步兵第四、第十七舰队守备。百尺崖附近，一个部队守卫。据本地人说，威海卫附近驻守的清兵，一夜之间朝芝罘（烟台）方向逃去。敌舰中，大约八艘大舰在刘公岛及威海卫之间，其他舰只分散在湾内。敌人将沿岸的运输船悉数烧弃。

二月二日上午十点半

大山第二军司令官

大本营参谋长收

2月7日，《东京日日新闻》报道《威海卫略取第二报，海上炮台》：

（五日大本营发）

二月四日下午五点旅顺发，三日晚九点半龙睡湾原田大佐报告如下：

二月二日凌晨两点第二师团派出侦察队，九点到十一点之间进入威海卫，占领全部陆地正对面及海岸诸炮台。敌舰在刘公岛及威海卫之间。我舰队在刘公岛东北方向，与敌舰相对运动。截至日落海上炮战停止。今天天气静稳，海上无风浪。

2月8日，《东京日日新闻》刊登《我联合舰队司令伊东中将向丁汝昌递出劝降书》：

昭示日本即将最终获胜。

我联合舰队司令长官伊东中将，委托英国军舰赛文（SEVEN），向北洋水师提督丁汝昌递交的劝降书（原文英文）的译文，由舰队服役的某人送呈，其全文电传如下。

　　谨书信一封敬称丁汝昌阁下，时局之变，仆与阁下互为仇敌，抑何其不幸之甚耶？然今日之事，国事也，非私仇也，则仆与阁下友谊之温，今犹如昨。仆之此书，岂徒为劝降清国提督而作者哉？大凡天下事，当局者迷，旁观者审。今有人焉，于其进退之间，虽有国计身价两全之策，而为目前公私诸务所蔽，惑于所见，则友人安得不以忠言直告，以发其三思乎？仆之渎告阁下者，亦唯出于友谊，一片挚诚，望阁下三思。

　　清国海陆二军，连战连北之因，苟使虚心平气以查之，不难立睹其致败之由，以阁下之英明，固已知之审矣。至清国而有今日之败者，固非君相一己之罪，盖其墨守常经，不通变之所由致也。夫取士必以考试，考试必由文艺，于是乎执政之大臣，当道之达宪，必由文艺以相升擢。文艺乃为显荣之梯阶耳，岂足济夫实效？当今之时，犹如古昔，虽亦非不美，然使清国果能独立孤往，无复能行于今日乎？

　　前三十载，我日本之国事，遭若何等之辛酸，厥能免于垂危者，度阁下之所深悉也。当此之时，我国实以急去旧治，因时制宜，更张新政，以为国可存立之一大要图。今贵国亦不可不以去旧谋新为当务之急，亟从更张，苟其遵之，则国可相安；不然，岂能免于败亡之数乎？与我日本相战，其必至于败之局，殆不待龟卜而已定之久矣。

　　既际此国运穷迫之时，臣子之为家邦致诚者，岂可徒向滔滔颓波委以一身，而即足云报国也耶？以上下数千年，纵横几万里，史册疆域，炳然庞然，宇内最旧之国，使其中兴隆治，皇图永安，抑亦何难？

　　夫大厦之将倾，固非一木所能支。苟见势不可为，时不云利，即以全军船舰权降与敌，而以国家兴废之端观之，诚以些些小节，何足挂怀？仆于是乎指誓天日，敢请阁下暂游日本。切愿阁下蓄余力，以待他日贵国中兴之候，宣劳政绩，以报国恩。望阁下幸垂听纳友人诚意之一言！

　　贵国史册所载，雪会稽之耻以成大志之例甚多，固不待言。法国前总统麦克马洪曾降敌国，以待时机；厥后归助本国政府，更革前政，而法国未尝加以羞辱，且仍推为总统。土耳其之奥斯曼·努里帕夏，夫加那利一败，城陷而身为囚虏。一朝归国，即跻大司马之高位，以成改革军制之伟勋，迄未闻有挠其大谋者也。阁下苟来日本，仆能保我天皇陛下大度优容。盖我陛下于其臣民之谋逆者，岂仅赦免其罪而已哉？如榎本海军中将（榎本武扬）、大鸟枢密顾问（大鸟圭介）等，量其才艺，授职封官，类例殊众。今者，非其本国之臣民，而显有威名赫赫之人，其优待之隆，自必更胜数倍耳。

今日阁下之所宜决者，厥有两端：任夫贵国依然不悟，墨守常经，以跻于至否之极，而同归于尽乎？抑或蓄留余力，以为他日之计乎？

从来贵国军人与敌军往返书翰，大都以壮语豪言，互相酬答，或炫其强或蔽其弱，以为能事。仆之斯书，洵发于友谊之至诚，绝非草草，请阁下垂察焉。倘幸容纳鄙衷，则待复书赉临。于实行方法，再为详陈。

伊东佑亨 顿首 [1]

第三节　战争期间社会新闻报道影响下的战争动员

一、民间"义勇军"和军资献纳运动

1894年9月出版的《日清战争》记载日本民众对战争的积极参与。"我国国民中有对当时内阁的措施不满意的人，导致议会屡次解散。针对此事，对外强硬派等反对内阁的力量在议会中相当有势力，在政治策略上不论任何事情，都极力攻击当时的内阁。为了天皇陛下，为了大日本帝国，忠勇之心不尽，义烈之情不尽，我国国民中平常不怎么互相交流的人，突然在一起商讨计谋，或者是互相嫉妒的人，忽然和颜悦色地交往，等等。实际上是为了公义，忘掉私怨，为了国家，不顾自身。放眼世界各国，这大概不仅限于社会上流人士中，在全国各地也这样，摩擦不和忽然停止

---

① 我联合舰队司令长官伊东中将が丁汝昌に与える劝降书 [N]. 東京日日新聞, 1895-02-08.

了，必须协同一致，各地出现了组织忠勇义团，请求从军的活动，活动有的有200人，有的500人，有的达1000人以上。因为得到从军许可很困难，所以成为辎重兵或是成为干体力活的搬运工都行，期望为了国家，奋不顾身。或者计划募集爱国义捐，能得到一万日元或是十万日元，或是数千万日元。"①

同样也在9月出版的《日清战争记》记载战争爆发后日本民众支持战争的场面："日清之间的和平一旦打破，发布宣战的诏书，我国国民的敌忾心就直冲云天。有结成团体，申请从军的人，有不顾妻子孩子的饥饿，加入参战的后备军的人，还有羞于拉载清国人的车夫，有砸碎清国人书写的匾额的夫人，还有柔弱的妇女身体力行，志愿做护士奔赴朝鲜，儿童走卒也涌现出义气。不论城乡，三人聚到一起的话，马上就谈论战争，谈话内容都是敌忾义愤的事情。之后，恤兵部开设了，不用说有资产的人，窘迫得连当日糊口都很困难的人也减少饮食，进行捐款。恤兵部的办事官员不舍昼夜算出捐款的总额达到五千万日元并非难事。清国的国库不足，开战不久，就出现外债，悬赏征兵，但没有应征者，和我们相比差距很大。加上，我国政府发布军事公债募集敕令，民众很欣喜地回应，没有带来民间经济的变动，立刻就得到一定的数额。啊，我日本帝国现在的形势很乐观，在外忠勇的军队连连传来丰功伟绩的捷报，发扬威武，在内迅速充实军资，兵粮武器堆积如山，能支撑十数年的战争，大日本的山河，弥漫着国民的敌忾心，地球上有令人畏惧的敌人，并且对方很强大，但想到怯懦的清国就不禁鼓舞雀跃。"②

上述日本民众以日本国民身份参与和支持战争，直接表现为响应明治政府号召服兵役和购买军事公债。明治政府的开战经费由其国库结余资金、战争国债、军资献纳金、恤兵献纳金和特别收入构成，总额为2.2523127亿日元。其中1893年国库结余资金仅有0.234398亿日

---

① 鹿島長次郎. 日清戦争 [M]. 東京：興文社，1894：34-35.

② 三田村熊之介. 日清戦争記 [M]. 大阪：鹿田書店，1894：68.

元，而剩下的巨大资金缺口则是由战争国债1.16804926亿日元、军资献纳金0.0016800亿日元、陆海军恤兵献纳金0.02788740亿日元、特别收入0.78957064亿日元等填补。[①] 其中日本民众和日本各团体组织购买的战争国债占明治政府战争经费的52%。而早在8月14日日本天皇发布敕令要求募集战争国债之前，日本各新闻社就开始动员日本民间力量为战争筹措资金。

7月30日《时事新报》报道并呼吁《与财界有实力者商谈筹金》："由三井八郎右卫门、岩崎久弥、涩泽荣一、福泽谕吉、东久世通禧等人发起，值此日清战争之际，为尽国民义务，决定由全国有志者筹集军资，献纳军物，将于八月一日在日本桥区坂本町的银行集会所召开商讨会，届时以东京内各华族、富豪为首，向各有实力者发起如下倡议：拜启！此次朝鲜事件日趋紧迫，已有报道日清两国海军已于牙山近海附近开战，值此之际，作为我国民之义务，筹集军资之工作乃当务之急，此事意欲与诸君共笃相谈，正值炎暑多有辛劳，请务必拨冗莅临，八月一日下午四时日本桥区坂本町银行集会所恭候来临，顿首。"[②] 这些人物都是当时日本首屈一指的金融家和实业家，但《时事新报》对此的评论并没有将其仅仅视为有钱人支持战争的举动，而是将之视为"国民之义务"之举，以此带动日本民众加入捐钱捐物支持战争的"国民"行列中来。

也是因为日本各新闻社对"国民之义务"的呼吁与动员，8月14日日本天皇发布敕令募集战争国债时，日本民众和各团体组织迅速响应购买。明治政府第一期准备募集的5000万日元国债，9月14日日本民众和各团体组织购买的额度就达到了6322.47万日元，9月17日统计购买总额达到7600多万日元。[③] 此后明治政府继续募集战争国债，日本民众积极响应购

---

① 明治财政史编纂会. 明治财政史：第二卷[M]. 東京：九善株式会社，1904：47-50.

② 财界有力者、酬金の相談[N]. 时事新报，1894-07-30.

③ 全国民の至诚报劝兹にも顕然、军事公债の应募、此の盛况[N]. 时事新报，1895-09-15.

买，日本国民购买的战争国债成为明治政府继续进行甲午战争的重要资金来源。

除了购买可以获得利息的战争国债以外，日本民众和各团体还无偿捐钱捐物，发起遍布全国各地的军资献纳运动。依据上述统计，日本民众和各团体捐赠的资金达到2956746日元。[①] 其中爱知县团体捐赠资金达到17087日元，个人捐赠资金达到87797日元，据当时爱知县的人口统计，当时爱知县人口户数为331404户，人口总数为1591158人。

8月7日《时事新报》报道日本演员市川团十郎决定向日军捐赠百万支香烟："市川团十郎与太奥（音译）小姐，欲将前几日于歌舞伎座演出的和洋混合戏剧收入兑换成物品赠送并慰劳我在韩士兵，并决定向岩谷商会定制名为'破竹'的新制卷烟，眼下正在制造中，其总数有几百万。"[②] 9月22日《时事新报》报道，日本陆军恤兵部[③]统计截至9月15日，已经收到捐赠草鞋89240双，粗布手巾28403条。[④]

除了以购买国债和捐钱捐物（被称为军资献纳运动）的方式支持战争以外，日本民间力量还自发组织"义勇军"等组织要求随军出征参加战争。但"义勇军"运动和军资献纳运动并非完全是日本民众自发的行为，更多和更持续地动员和鼓动民众参与和支持战争的力量，来自日本新闻报道和评论。

在日清开战前，日本新闻在对东学党起义爆发的国际形势报道和评论中逐渐形成日本对清开战的"合理性""义战"论，受此影响日本民间迅速涌现要求参加日本军队出征的"义勇军"组织。比如，1894年6月26日，《时事新报》报道《义勇兵志愿从军，高知市八百人》："高知县高知市的

---

① 池山弘. 愛知県に於ける日清戦争・日露戦争の軍資金・軍事物資献納運動 [J]、四日市大学論集，2001，第14巻第1号：155.

② 煙草破竹を新製して、在韓兵に寄贈 市川団十郎が [N]. 時事新報，1894-08-07.

③ 日本陆军和海军恤兵部是在甲午战争爆发后成立，负责在战争后方支援战场作战事宜，具体通过号召日本国民捐钱捐物发送给在战场上的士兵，以及通过收集娱乐品、召集演艺人士等慰问士兵。

④ 恤兵献品の総計 [N]. 時事新報，1894-09-23.

练武馆，是专门为武术练习而设置的道场，馆员就此次朝鲜事件，组建义勇兵提出从军志愿，其尚在组建中，人数已经有八百人，仍有继续增加的趋势。"①自出现这类新闻报道以后，日本民间组织的"义勇军"开始大量涌现。不光是在大中城市，甚至在小城市日本民众也纷纷对此呼应，出现要求随军队征讨清国的"义勇军"组织。

比如，远在日本东北地方青森县的弘前市，尽管1894年弘前市仍未开通火车，交通闭塞，但并不影响弘前市民众自发组织"义勇军"运动。"弘前市虽然离战场最远，但也有打倒清国的运动。当时，弘前市出身的士兵们属于位于仙台的第二师团。随着日清两国间的紧张气氛的高涨，在弘前市内，菊池九郎等有志之士策划了弘前义勇团组织，并决议开战时应该从军。但是，义勇团是招募有志之士的私人团体，与基于政府制定的征兵制的军队组织不相容，因此出现了问题。为此，郡役所等部门敦促让大家从义勇团组织中退出。尽管如此，组织义勇团的行动并没有停止。在弘前市，寺井纯司等数十名有志之士作为发起人，于7月11日举行了关于召开义勇团组织的集会。在集会上，自由党、改进党一致决议停止政治对立，约定成立团体，并将檄文传到同县内的八个郡，大力联合同志。另外，东奥义塾的学生也组织了义勇团，请求从军。在陆军当局召集军队的勤杂人员时，不断出现想作为勤杂人员奔赴战场的义勇团员。但陆军当局对除正规征兵和招募外，义勇团成员任意地成为勤杂人员的做法持否定态度，因为他日补充兵员时会产生不便。这些事实说明，当时的弘前市对甲午战争引起的战争热情高涨。"②

从上文可知，即便在地处偏僻的小城弘前市也热烈开展"义勇军"兵运动以外，还可知弘前市行政机构和军队对此并不支持。实际上当时各地日本各级行政机构也不支持日本民间组织的"义勇军"运动，但日本民间

---

① 義勇兵の従軍志願、高知市より八百名 [N]. 時事新報，1894-06-26.
② 新编弘前市史编纂委员会. 新编弘前市史、通史篇4近·现代1[M]. 青森县：弘前市企画部企画课，2005：272-274.

自发组织民众随军从征的运动热潮不减。对此日本天皇专门发布诏书予以禁止，8月7日，天皇发布诏书禁止民间组织"义勇军"："敕诏：朕仰仗祖宗威灵与臣民协同，藉此我忠武海陆军之力尽显皇威与荣光。各地臣民组建义勇兵团结一致，朕深知其忠君爱国之至情，然国有常制，民有常业，除特殊情况之征发外，臣民应勤其本职本业不可堕怠，对内殖产兴业以固富强之根本乃朕之所望，现今并无义勇兵之必要，各地方官，朕之意示谕如是。"① 此后日本各地涌起的义勇军组织被解散，但这些被动员起来的民间力量对于战争的支持和参与的热情仍在，这些民间力量或者投入到动员日本民众捐钱捐物的军资献纳运动中，或者是继续组织民间人士以军用民夫——"军夫"身份从事搬运运输等工作辅助日军作战。比如，九州地区的"义勇军"组织"报国义团"在天皇发布诏书后，在8月13日宣布解散。但该地区的另一种形式的"义勇军"运动却得以继续进行，即志愿成为"军夫"。7月17日，阿苏郡山西村成立的"义勇人夫组"，其宗旨是"吾义勇人夫组在日清开战之时，第一次招募一千名人夫，以尽国民奉公之实；吾义勇人夫组与报国义团和其他各团体气脉相通，以使运动成功"。除了"义勇人夫组"以外，随后还出现了"熊本组"。为了招募"军夫""熊本组"专门设立事务所。② 与义勇军运动一样，这些也不是依照陆军要求而招募的"军夫"，而是日本民间自发组织的。

　　日本民众以"军夫"身份参与甲午战争，依据统计其数量为153974人，而参战日本陆军总数为240616人，因此"军夫"的数量达到了日本参战陆军人数的64%。③

① 擧国衝天の意気を嘉させ給ひつつ 義勇兵の要なきを宣せ給ふ [N]. 官報, 1894-08-08.

② 原田敬一. 国権派の日清戦争—「九州日日新聞」を中心に—[J]. 文学部論集, 81: 36.

③ 池山弘. 愛知県に於ける日清戦争従軍の軍役夫 [J]. 四日市大学論集, 18（1）: 5, 9.

二、社会新闻中呈现的"同仇敌忾"

1. 关于日本的社会新闻

除了动员日本民众参加义勇军运动和军资献纳运动以外，远离战场的日本各新闻社还通过发掘和传播特定社会新闻的形式，维持日本民众对战争的支持。这体现在通过报道特定国民群体，比如，日本各新闻社尤为关注日本文艺界关于战争的应对。在近代社会中，除了新闻报道可以依靠事实和评论向受众者展现其影响力以外，艺术也能依据其各种审美手段而对受众者展现其影响力。对战争的认知也是如此，艺术通过描绘和呈现出的战争审美也是日本民众战争认知的重要来源。与新闻报道和评论诉诸理性并且塑造受众者的理性层面的战争认知不同的是，描绘和表现战争的艺术诉诸情感并且塑造受众者的情感体验。这里的文艺界主要包括演艺界以及绘画界。

甲午战争爆发后，日本演艺界迅速以日清开战为背景制作日本大胜的戏剧，日本新闻社对其进行报道和宣传，吸引民众前来观看："时下开场的川上日清战争剧以较高人气持续保持高的入座率。为了展现如同置身战地的合战场面以及士兵必死之勇的决战之心，演员在这种程度下真实地互相殴打，负伤的人数自然有所增加。近来已有四五人负伤，为此特意在舞台后方安置了两名治疗医师，但可笑的是这些负伤者多是（饰演）清国兵，而日本兵则甚少。顺便说一下，最近貌似东西看台都被海陆军将校家属占满了。"①

8月16日《读卖新闻》刊登《雄壮的民谣大流行》："我社刊载的曲调非常符合民众意向，现在东京市内所到之处没有听不到这首歌的，最近大阪又流行名古屋甚句②的变歌，雄壮的歌声充斥街巷，其歌词如下：这次的朝鲜事件啊，忠勇无双我士兵，敏捷护卫京城，击退闵族势力，是其独

---

① 清国兵負傷多し、但し川上の壮士劇で [N]. 時事新報, 1894-09-16.
② 甚句：日本的一种民谣.

立之勇敢啊！清兵狼狈仿佛树叶微尘般悉数击溃之，高扬的日之丸，于世
界发扬我武威，此乃日本固有之荣誉。"①

　　绘画界则以甲午战争为契机迅速制作表现战争的绘画作品，这其中最
为流行的就是锦绘。日本新闻社对其进行报道和宣传："自日清事变发生
以来，东京城内绘草纸屋②异常繁忙，也如上战场般竞相出版新绘，现已
出版的约有二十五种，一经印刷就被争相抢走贩卖，因此贩卖者争先恐后
造成极度混乱局面。又因为锦绘与新闻报纸、书籍等同样需要接受审查检
阅，出版要花费五六天的工夫，还要经过二十天左右的审查才能出版，于
是丰岛、牙山激战之图，松崎大尉勇战之图，同时数百枚出现在店里，今
年由于日清战争的缘故收入涨了几倍，向岛、牛入的同行，每户都装饰大
神宫供奉酒物，祝福国家万岁职业万岁。"③

　　除了对民间流行的锦绘进行报道以外，日本各新闻社还着力报道有名
画家关于甲午战争的绘画作品。比如，报道日本画家久保田和西洋画家塚
本等："成欢驿击溃清兵之我军队，为纪念成欢战斗之图长久保存于广岛
镇台，我社特派员久保田米斋被委托绘制，久保田承接此事并约定归国时
执笔。对久保田而言亦是光荣之事。④

　　"京桥区出云町一番地东京造画馆馆主塚本岩三郎氏，热衷于创作日
清战争全景画⑤，最近让京城的朋友寄来了对正在计划制作中的画有帮助的
材料，着手制作方五寸的油画数十种，已经完成的有王城门外大鸟公使小
战之图、成欢之役两篇，此后计划将各地发生的战争都以写实方式制作，
此四五枚已经完成的将在帝国大厦利用电灯供庶民展览，门票收入将献纳

---

① 壮快の俚謡流行 [N]. 読売新聞，1894-08-16.
② 绘草纸屋：贩卖插图小说、锦绘等作品的商店.
③ 戦争版画の大人気 [N]. 読売新聞，1894-08-09.
④ 久保田米斋の名誉成歓駅の戦を伯者町揮毫 [N]. 国民新聞，1894-08-21.
⑤ 全景画：在绘有背景的墙壁前配置草木、房屋模型和人物造型等，以营造出实境效果
　　的大型风景画。

给恤兵部。"①

"龟井至一所绘制的黄海海战巨幅油画，从当日决战天气状况、云彩形态、海浪风力，到敌方舰队位置、形状和颜色等，即使细微的一点都进行了一丝不苟的描绘，总体上还原当时的现状，而且旁边还添有图解，他将我舰队都合并展示，使人们一看有一种实战的感觉。26日将在上野美术馆展览，另有高桥胜藏执笔的以《定远舰还没沉没吗》为题，描绘重伤水兵和将校的悲壮油画，雕刻家大熊氏广、菊地铸太郎二人所刻坂元赤城舰舰长与伊东舰队司令的半身像，非常惹人注目。"②

在对这些演艺界人士的报道中，日本各新闻社最为关注的是上文所述伯爵龟井兹明携带摄影器材前往战场摄影记录。

关于携带摄影器材跟随第二军从军、旧津和野藩藩主龟井伯爵的事迹，他的人品、性情早前已有报道，龟井伯爵3日从大连湾出发，6日平安到达马关。其在枪林弹雨中，饱尝几多艰辛拍摄的战争实况，将在归国后制作完成进献大本营。③

"曾蒙敕留学德意志，刻苦勤勉学习三年毕业归来的、作为我日本唯一的审美学者受众人仰望的伯爵龟井兹明，素来知道军队必须有摄影技术，且考虑供大元帅陛下御览军队苦战情况，去年十一月左右的时候，跟随第二军团饱受艰苦，拍摄了攻城野战之惨状、占领地山川风光等数百张照片，本月11日与协助者共三人归国。数百华胄哪个不是尊王爱国之士呐，然而身非军籍尚不惧危难，在军事之外所做于国家有所裨益，伯爵这样的人，天下几人哉。

战地之模样

伯爵招待几位老美术家及记者酒宴后谈到战地模样，这是旅顺陷落后

---

① 日清戦争の油絵、造画館の塚本岩三郎作 [N]. 読売新聞，1894-08-23.

② 戦争美術、上野の秋を飾る [N]. 読売新聞，1894-10-24.

③ 写真従軍の亀井兹明伯歸朝 [N]. 毎日新聞，1895-01-11.

的事情，详细讲述了金州城隆冬的情况，其说道：以为与那里的寒冷程度没什么差别，然而平日里已经难以忍受，甚至晴天时起风时，仿佛浑身结冰般寒冷，无论穿多厚都无法抵抗，特别是耳朵，感觉要冻掉了。

关于拍摄的困难

另一件事是关于拍摄的，旅顺攻击战的前日我偶然于三角山畔，非常好的结果拍摄战况，干劲十足地欣喜等待第二天的总攻，听说师团本部计划第二天凌晨两点出发，然而本部突然十二时就出发了，我等两个小时后未能见到激战，靠近战地的时候听闻炮击声的方向干着急，奈何所携带的摄影机太重无法自由于山川河流中穿梭，只能遗憾地远远地拍摄。

突击之迅速

伯爵又讲述一事，"我去战地的时候以为摄影器材应该大抵够用，然而随着战斗线的扩大，不得不只能拍摄到其中的一部分尤为遗憾，而且其突击之迅速，往往突击一开始，摆好摄影机器的时间都没有，突击就已经奏效，炮台就被攻陷了"。①

2. 关于敌国清国的社会新闻

为了进一步在社会新闻中制造敌国清国的样态，日本各新闻社还采用了各种抹黑中国人的报道，制造恐慌以及强化日本民众对清国和中国人的敌视情绪。

日清正式宣战后不久，8月4日《读卖新闻》报道所谓"清国人投毒案件"。"日清两国终于开战，尽管清国视我为仇敌，但我帝国广怀雅量，视其与本国居留民及列国臣民无异，然而卑劣的清国人，以种种阴险之手段于我施加秽害。昨日在横滨市有几个向饮用水管道投毒的清国人，幸好在事情未达成之前被发现，犯事的四人全部直接被逮捕。"②

---

① 軍人軍属に非ざる華冑界の貴公子戦場を馳駆して写真従軍、写真術発達史上記録さ
　るべき亀井玆明伯 [N]. 報知新聞, 1895-01-17.
② 清国人水道に投毒 [N]. 読売新聞, 1894-08-04.

除了报道所谓在日本的中国人投毒以外，日本新闻界还肆意宣扬清国间谍来到日本危害日本。"日清事件以来，外国间谍开始来到日本，如前几日于相州观音崎被捕获的清国兵，仅仅是一例伏法的，除此之外还有更大的间谍计划。今报道其情况，请世人注意。七月上旬于神户着陆的镇西丸，搭乘了三位奇怪的旅客。此三人皆从长崎港乘船，虽都着和服，但其中两名确为清国人，一人为葡萄牙人，此为船员所看破，密切注意这些人的动向，他们并没有在神户投宿而是投宿于大阪川口附近的旅馆，在大阪徘徊一周左右又从那来到横滨。当时横滨有自称某某新闻通信员的甚为奇怪的外国人，投宿于廿番馆及五番馆，与清国理事府的翻译官陶大均等往来甚密。前面所说的三人投宿于理事府，与外国记者秘密交谈，由于当时横滨的清国人陆陆续续准备归国，汪凤藻也屡屡假托周旋归国事宜从东京来理事府，其实际上是汇总间谍收集的我国军情及各地要害。然公使从横滨港出发、经四五天的一行被某某国人称为漫游客，其实是与间谍相谈啊，这其中的清国人甚至大胆到意图与居住在东京近郊的某个退伍军人相攀谈，而终究没有达到目的。而且公然于帝国宾馆会见某外国人，频繁翻阅日本地图，还有在日光市滞留的某国新闻记者发送暗号电报等，其举动从整体上看很难不让人惊讶。尽管不知这些人作为间谍之实是否，然而本国人对外国人持宽大态度，只是止步于预防那些不可忍受之罪恶，这真是对那些外国人的恩惠。因此今此等间谍团伙于某处徘徊，有忌惮之处也略之。"①

从这两则新闻报道中，所谓中国人投毒或者从事间谍活动都是以所谓嫌疑犯形式被制止，至于究竟是否从事了犯罪行为并不是日本新闻社关注的重点，至于其间其他中国嫌疑犯是否真的被日本司法机关判定犯罪事实成立，这些新闻社也不进行跟踪报道。这些新闻社所在意的就是通过这两则特定社会新闻，向日本民众传递尽管日清开战战场在海外，但日本国内

---

① 間諜の大計画 [N]. 日本，1894-09-12.

仍旧存在清国及其国民等敌对力量，以此让身处战场之外的日本民众继续维持着对清国和中国人的仇恨并支持日本国战争。

另外，日清开战期间，日本民间产生的对清国各种象征物的嫌弃情绪也被作为正式的新闻进行报道。比如，"陆中盛冈市吴服町有个叫赤泽的纸店，经常在店前的看版上漂亮地写着'各种清国团扇'。今正值日清两国开战，店主同仇敌忾之心激起，店前那个"清国"二字也连着忌恨起来，于是将那二字抹黑了，如此才稍觉心情大为舒畅"。[①] 甚至为了强化日本民众对清国的嫌弃情绪，日本新闻报道不惜牵强附会，比如下文的新闻，10月5日《读卖新闻》报道《日本蝇驱逐"唐蝇"》："信州北佐地方，数年前一种被俗称为'唐蝇'的蝇虫经过数年的传播繁殖，导致日本蝇数量连年减少，去年已经多到妨碍室内通行的程度，与日本蝇相争，让人们感到不可思议的是，今年唐蝇全部不知道逃去何处了，室内完全看不见其影踪，独留日本蝇在空气中意气扬扬，当地人欣喜地认为这是我军大胜利的前兆吧，这从当地通信上就可以看到。"[②] 将所谓"唐蝇"牵强附会为清国的象征，更从苍蝇之间的斗争，从中找出日本即将大胜的吉兆，这种牵强附会以及胡编滥造却被堂而皇之地作为新闻报道被解读，可见日本各新闻社为了从社会新闻中维持和制造日本民众的士气已经达到何种地步了。

三、庆祝战争胜利

随着日军在战场上不断取得胜利，日本各新闻社更是鼓动日本民间力量举行各种庆祝活动，强化日本民众作为日本国战争参与者的身份认同。尽管身处战场的新闻特派员清晰见到战争给日清双方军队带来直接的伤害，并且殃及战场附近的朝鲜和中国东北的民众，身处日本国内的各新闻社也能够见证战争的残酷性，包括战死战伤日军及其家族的惨状以及战争造成物价飞涨、民众生活困苦。这些为战争所付出的代价本应作为日本

① 看板の'清国'も抹消 [N]. 読売新聞，1894-08-16.

② 日本蝇"唐蝇"を逐ふ [N]. 読売新聞，1894-10-05.

各新闻社反思的重要依据，但日本各新闻在战争后期对此并不以为意，反而一再宣扬战争的根本结果，那就是日本获胜了。与战胜相比，日本为获胜付出的各种惨痛代价日本各新闻社并未加以思考，甚至日本获胜后所获得的各种战利品是一种荣耀，还是一种对朝鲜和清国的掠夺，日本各新闻社也不能对此进行辨别。只有少数的日本文人，比如，开战之初坚持"义战论"的内村鉴三在甲午战争后期日本不断获得胜利之际，才开始反思战争，才清醒认识到这场由日本人发动的战争是以掠夺为目的的战争。①

祝贺战胜活动却成为日本新闻社和日本民众关于战争认知的最为集中的呈现。比如，日本饭店推出以战胜为主题的特别料理："根津的神泉亭，昨日举办了庆祝乔迁七周年兼祝贺连战连捷的大盛宴，来宾有学者、绅士、新闻记者等，菜谱有叫作果子傅书鸡与攻陷北京、占领汤、豚尾刺身、占领旅顺口国之光、凯旋煮等带有新创意的日料，助兴节目有国光（二人童舞）、丈夫（一人童剑舞）、鸭绿江（一人剑舞）。"②

11月27日《时事新报》报道庆应义塾的庆祝战胜火炬游行："我军一旦占领作为渤海咽喉的旅顺，扼其咽喉抚其相背，则可如推倒象棋般的席卷之势攻下奉天、山海关、天津、北京，接到此未曾有过之喜报亦是未曾有之壮举，捷报一传到庆应义塾，当夜于二重桥外的广场整列进行火把游行，祝天皇和皇后万岁并立刻整备，而今正是期盼已久的了却凤愿之时。二十二日一早我军完全占领旅顺的公报，于二十五日在各新闻上被报道，读此我国民欢呼尖叫手舞足蹈，然而此日非常不凑巧的是早上一直下雨，义塾的人也仍然要行进队伍，但最终克服不了对火把最为不利的降雨，不得已商议于二十六日下午六点共两千余人从庆应义塾一起出发，此程按照纸上标记的路线行进一周，每人手执一盏灯，通行路线上甚至感觉不到旧历十月晦日之暗，所到之处路旁的人们仿佛被筑起的黑色围墙，实在是未

---

① 内村鑑三．内村鑑三選集：第 2 巻 [M]．東京：岩波書店，1990：21-22.
② 根津神泉亭の戦勝料理 [N]．都新聞，1894-11-20.

曾有之壮举。详细报道记载于下一刊号上。"①

在当时还出现各种模拟战争场面以此进行娱乐。

祝捷大运动会，将于二十五六号召开发起人大会讨论诸事宜，据发起人内定说法，决定其日期大概是下个月2号（第一个星期日）。最近听闻当日一些余兴节目，由键屋②打造的新奇烟花，在五分钟内分两次不间断燃放，另据发起人土田政次郎的设计方案，烟花用于模拟黄海海战具有极为醒目的效果，将不忍池模拟为黄海，我军舰松岛以及清舰定远两只漂浮于其上，松岛试图给予定远重大打击，定远于是着起了大火，松岛与定远二舰都是木骨纸皮做的，都是长度为二十间（间：日本长度单位，一间等于6日尺，约合1.818米），宽度为8间有余的大船，将呈现非常壮观的场面。③

这其中最为隆重的就是东京市专门举行的祝捷大会。

开战以来我军所向无敌，凤凰、九连城、秀岩等地皆尽归我占领，海上亦有黄海大捷，敌舰几乎丧失战斗力，只有到威海卫保命，此时此刻切断清国渤海咽喉，旅顺口轻易归入我掌中，到这里战争告一段落。至此，胜利的消息传来，每家每户升起国旗，酩酊大醉表达庆祝之意的事有很多，但一人一己的祝捷不足以表达出对陆海军的谢意和对帝国万岁的祝贺，东京市民一个团体于昨天（星期日）在上野公园召开第一次祝捷大会，第二场将在北京城陷落之后召开，相信离这一天也不远。大会事务所在餐食准备、余兴节目调配等安排上决定无论晴雨都正常举行，结果不凑巧前一夜多云密布要下雨的模样，天气预报报道了云后有雨，市民担心不容

---

① 慶應義塾の矩火行列 [N]. 時事新報，1894-11-27.
② 江户时代的知名烟花铺子。
③ 不忍池の大海戦 [N]. 時事新報，1894-11-15.

易，但幸运的是清晨就是云天然后就下雨了，按照规定时刻大家争先恐后聚集到日比谷公园或者上野公园参观到盛会，真是幸运。

市中之热闹

市中都开着门在屋檐上悬挂着国旗或者联合舰队军旗，其中也有挂着球灯的街道。铁道马车自不用说，马车上的国旗也在晨风中飞扬，也有人力车夫将小旗悬挂到车棚上吸引客人，银座、日本桥、浅草、神田、下谷等大街不用说，高台地区的街道都用红色装饰，甚为美观。连非游行路线上的街道都无处下脚，手艺人休业，批发商也允许各家小学徒外出，妇女小孩仿佛参加神田三王祭典，穿起漂亮衣服，不能赶赴会场也在近处游走。全市都热闹非凡，但另一方面驱赶马车的会感到不便。特别是公园附近的广小路、御成道、池之端、广德寺的小卖店，也知道场面过于混乱和游行参观，都把商品收好休业来全心全意进行庆祝。

会员按顺序进入

当日上午七点，日比谷源头突然传来爆破的礼炮声，各区会员组成团体高举标旗，陆续云集到日比谷，七点半左右不仅日比谷人山人海，就连二重桥那儿涌来的会员和来观光的男女老幼也没有下脚的地方，不难想象上野公园是何等盛况。此时第二发礼炮响起，日比谷群集的团体沿路逐渐进入二重桥附近。广场的一侧飞扬着两个写有祝捷意思的红白氢气球。不久，伴随着第二发礼炮响起，市中音乐队演奏起君之代。各团体都举起标旗，挥舞帽子高喊两宫陛下万岁。数千观光者亦应和之高呼万岁，勇猛之呼声似乎连天地都要为之崩摧。此时，在贤主身边的人们出现在正门前御驾的两侧的堤岸上，女官们也出现在二重桥的观景台，瞭望实况。群众一齐高呼女官万岁亦是十分可笑的，这些人在皇后御前侍候，才能够受到上述对待。这时奏乐队首先穿过和田仓桥到达吴服桥。

从日本桥的一条马路可直接到达上野公园。各团体各区有志者，以各政党为首的米谷交易所、茶叶组合、药剂师会、新桥协亲会、两国共睦会、小间物商组合、材木商组合、工人、生命保险各社、各新闻社、其他各会各馆，各组合各群体，不可枚举，这些团体个个都举着红白青紫各色小旗。在他们种种有趣向的打扮中有一种非常惹人注目，新桥协亲会挽着纸糊的巨炮举着纪念旅顺口缴获纪念的小旗，整个队伍都戴着夹有国旗和军旗的模拟高筒礼帽的纸帽。和睦的队列身着一致的衣服，背着纸糊的大虎，震武馆、演武官等各馆馆员身着稽古服装白布扎头，带着竹剑，吹螺具、击打鼓行进，国民新闻社举着从军记者带回的清国军旗，社员身着清国将卒的军服漫步，其他也戴着一样的帽子拿着一样的小旗，有各种各样无限的创意。一列前行队伍通过御成道正要转向广小路的时候，只见警察频繁走动制止游行观光的人群，从后方疾驰而过数辆马车，这是皇太子殿下行幸大会会场的队伍正在前进。见此，会员的队列肃然停止行进，乐队演奏起嘹亮的君之代，以会员为首参观的人群一齐敬礼，欢呼殿下万岁，殿下转眼间就通过此路，行进的队伍也继续前进。一进入上野公园，伴随着数发礼炮，正通过玄武门。下忍坂步入不忍池会场，游行队伍全部到达大概上午十点刚过。①

从甲午战前到战争期间，日本各新闻社在报道和评论中无视客观和中立的原则，通过制造日本对清开战的"合理性"，无视战争给双方士兵带来伤亡的惨状，丑化清军并塑造"义勇奉公""慷慨赴死"的日军战死"英雄"形象，鼓动日本民众支持和参与战争，使得日本国民失去对真实战争的判断力以及自我表达能力，"自觉"成为日本国（明治政府）战争的支持者和参与者。

---

① 東京市第一回戦捷祝賀大会、日比谷ケ原、二重橋前を埋め盡くした群衆、万歳を呼しつゝ上野祝祝賀会場に繰込む [N]. 時事新報, 1894-12-11.

第三章

画家久保田的战争叙事与战争审美

　　甲午战争爆发以后，为了第一时间了解和报道战争的进展情况，日本主要新闻社纷纷组织由记者、摄影师和画家组成的特派员前往战场。在多达193名的战地特派员中，画家人数较少，只有16名，而且几乎都是西洋画家。[①] 但这些画家都有强烈赶赴战场描绘战争的意愿。西洋画家浅井忠如此讲述其赶赴战场的原因："我初从军之时，出自我的个人请求。此千载一遇之际，描写军中实况，以补后世史乘之阙，描绘文字所不能及之处。此身委之以丹青，苟映入我眼界，皆绘制为我所有。"[②]

　　这16名画家中只有4名属于日本画画家，分别是久保田米僊父子三人和西乡孤月。与西乡孤月相比，久保田米僊父子的画作在甲午战争期间更为流行、更受欢迎。久保田米僊作为日本画画家绘法精湛，成名较早。早在1884年就被《今日新闻》专门报道"久保田米僊声名远扬"，内容如下："居住在西京东洞院锦小路的画家久保田米僊先生取得本年度的绘画共进会银奖，声望甚高。活动结束后先生暂住于京桥区南锅町的凤文馆。刚一入夏后先生就由东京出发在返乡途中游历了东海道'途骏远参'之处。先生本就有尚古之好，在没有什么奇珍异宝的山间僻邑中游历时，在叁河路的古战场附近的农家投宿时，得到了一柄战刀作为回京的礼物。先生于十九日顺利回到自己位于锦小路的住宅。所得的那把战刀正是埋藏于地底

---

① 大谷正. 描かれた日清戦争　久保田米僊「日清戦闘画報」[M]. 大阪：創元社，2015：435.

② 浅井忠. 従征画稿 [M]. 東京：春陽堂，1895：序.

数百年的北条氏执政时代征夷大将军所佩戴的名剑刀。"①

甲午战争爆发以后，受《国民新闻》委托，作为从军特派员久保田米僊带着儿子久保田米斋和久保田金僊赶赴战场。具体日程为久保田米僊与长子米斋6月12日出发，21日到达仁川。7月中旬久保田米僊临时回国，这期间随军绘画工作由其长子米斋完成。8月22日久保田米僊再次赶赴朝鲜，并于10月11日回到日本。此后次子金僊也赶赴中国战场。久保田父子创作的画作有些有署名落款，有些没有署名，因此为了行文方便，下文不再具体区分哪幅画作由父子中的哪位所作，而是统称为画家久保田。久保田父子作为随军画家为《国民新闻》和几个杂志提供新闻插画。为此《国民新闻》专门刊载了久保田米僊父子的插画作品，比如，《米僊入韩画报》《米僊朝鲜汉城画报》《米僊画报》《米僊从军画报》。随后久保田米僊将父子所绘制的新闻插画汇集出版《日清战斗画报》，共10篇，外加凯旋篇。第一篇出版于1894年10月21日，第二篇出版于11月8日，第三篇出版于12月2日，第四篇出版于12月22日，第五篇出版于12月30日，第六篇出版于1895年1月29日，第八篇出版于3月25日。而甲午战争以1894年7月25日丰岛海战的爆发为开端，8月1日日本向中国宣战，1895年4月17日《马关条约》的签订宣告战争结束。由此可知，该画报的出版时机密切对应着甲午战争的每个重要阶段。更重要的是，与诉诸文字的众多的新闻报道和各种冠之以《日清战争实记》名称的书籍相比，以绘画的形式描述和表现战争细节的专门画报还不多见，再加上绘画所具有的鲜活表现力，使得《日清战斗画报》各篇出版后大受欢迎，久保田米僊父子由此名噪一时。

当时很多新闻报社甚至专门对《日清战斗画报》的出版进行宣传和推荐。《邮便报知新闻》评论："帝国为义而向清国宣战。画家久保田米僊父子与其他年少血气之人一道从军，进入朝鲜，忠于斯道且英勇者独斯人

---

① 中山泰昌．新聞集成明治编年史：第五卷 [M]．東京：林泉社，1940：535．

也。画报所描绘的是久保田氏父子所亲眼看见的山川风物以及两国战斗之壮观。而其第一编乃是跟随参加成欢之战的米斋所画，在传家之笔法外别具一格。如同披览者亲自进入韩地，目睹山川风物战斗一般（价二十三钱，一条路大仓书店发行）。"《时事新闻》评论："日清战争画报，这次由日本桥区一条路人仓书店发行的画报，是久保田米僊所绘，为一家之韵致，自与他人不同。在描绘连续的大战之情况上颇为有趣。"《二六新闻》评论："日清战斗画报（第一篇东京大仓书店发售）国民新闻的从军记者久保田米僊、久保田米斋父子二人之著也。依据描绘日韩事件之经过而报道者。不仅在今人之眼中是可喜的，对后人之纪念、史家之参考也是有益的。"《自由新闻》评论："日清战斗画报（大仓书店发售）第一篇乃出自米僊、米斋、金僊三人之笔作为写实者。米僊之一流墨迹跃然纸上，自有其声。"《都新闻》评论："日清战斗画报（第一篇）此画报汇集久在韩地、实际目睹日清事件之演变的久保田米僊所绘的图画。图画逼真，在画报中可谓王者。出版社是日本桥一条路的大仓书店。"《大和新闻》评论："日清战斗画报第一篇由一条路大仓书店出版。由在韩画家久保田米僊和米斋二人目睹而描绘，可以说是真实的活画。可以作为纪念购买一本。"《开化新闻》评论："日清战斗画报第一篇是这样一本书，描绘久保田米僊、米斋二人亲自从军而目睹的战况，将其以木板彩印之风流缀帖装订，并在卷末附录战斗之要点。由一条路大仓书店发售。"[1]

由于久保田米僊父子在战争报道上的知名度，久保田父子甚至成为从未奔赴战场的锦绘画师创作锦绘的参照人物。在锦绘画师水野年方创造的《大日本帝国万万岁，成欢袭击日军大捷之图》中，就绘入久保田米僊父子手拿画板亲临战场绘画的场景。这是一幅非常特别的锦绘。如图3-1[2]所示，画中右侧手拿画板着黑衣者就是久保田米僊，其后着白衣者是其子

---

① 久保田米僊，久保田米斋. 日清戦闘画報：第二篇 [M]. 東京：大倉書店，1894：広告 1.

② 大日本帝國萬々歳　成歡襲撃和軍大捷之図 16126.d.1（46）[DB/OL]. https：//www. jacar.go.jp/jacarbl-fsjwar-j/gallery/gallery002.html. 2021-05-17.

久保田金僊，画面最右下是各个新闻社的记者。这幅锦绘基本上可分为日
军部分和清军部分。远景处为清军站立在城墙上，但并非处于有序的战斗
状态，而是拥挤一团背对着日军呈现出慌乱败退之状，日军以居高临下的
大树作为背景衬托，井然有序进攻，其中一位站在树上手拿指挥刀的日军
军官居于整个画面之中。笔者认为，图3-1与下文所提及的其他锦绘不同
之处在于，在右下角这一处空间的安排上，水野年方有意刻画了久保田米
僊等各新闻社的特派员记录战斗的场景，用以说明这场战争的参战者不光
是军人，还有新闻特派员。而新闻特派员的民间身份，无疑会激发民众的
代入感，使得民众感觉到自己也是这场战争的参与者。

图3-1　大日本帝国万万岁，成欢袭击日军大捷之图

　　本章选择画家久保田在战争期间的战争认知与战争审美进行研究，
除了上述画家久保田及其画作在甲午战争期间比较有名，有很强的社会
影响力以外，战争期间画家久保田自身的战争认知与战争审美也发生了
深刻的变化。最初画家久保田坚持其画家身份，并在画作中尽力呈现其
艺术素养和审美，但随后画家久保田出于赞美和支持日本国战争的政治
叙事目的，"自觉"将以艺术素养以及审美为核心存在的画家主体性予
以弱化，而将自己的画作视为宣传工具，并通过画作将这种战争认知直

接传递给日本民众。

第一节　异国山川的艺术视角

最初画家久保田在构图上以朝鲜山水为背景，映衬的是个体或者群体出现的朝鲜人，以此告知读者，此次事件发生在异国他乡。与锦绘画师有着根本不同之处在于，手法上以真实表现为主，很少用夸张和对比的绘法。很少大范围使用颜料，基本上按照山水画样式，以浓淡黑色和白色为主，特别之处加上红色、橙色等。

与后文讲到的锦绘画师着力描画战斗场景以及集中于刻画日本和清国军人而忽略战场以外不同事物的是，久保田米僊父子在画法以呈现真实场景为主，尤为强调此次战争爆发地朝鲜的异域山川人物。如图3-2[①] 所示，首先交代此次战争是朝鲜全罗道爆发东学党起义，朝鲜政府派遣招讨使前往镇压。与日本新闻报道中所呈现的朝鲜吏治腐败导致民众起义，朝鲜军队腐败不堪一击相比，久保田的画并没有对笔下的朝鲜军进行丑化，相反其描画呈现出的朝鲜军队旗帜鲜明、队伍整齐。

图 3-2　朝鲜军队出动镇压东学党起义

---

① 久保田米僊，久保田米斋. 日清戦闘画报：第一篇 [M]. 東京：大倉書店，1894：一之一.

随后的朝鲜请求清兵帮忙镇压，以及日军登陆仁川，都是以一种和缓节奏呈现出来的，如果不知晓后来中日即将在朝鲜展开激战，无数士兵战死，战火殃及无数民众的话，那么观赏者对战争认知就会停留在久保田所描画的仅仅是军人的行军图而已。图3-3[①]是清军在朝鲜牙山登陆。

图 3-3　清军在朝鲜牙山登陆

图3-4[②]是日本大鸟圭介公使带四百名水兵登陆朝鲜仁川。与清军出兵朝鲜不同的是，大鸟圭介公使登陆仁川后并未停留而是在拂晓继续带兵前往汉城。从后来事态发展可知，大鸟圭介当时准备带兵逼迫朝鲜政府，但此画看不出急促和紧张的氛围。

图 3-4　日本大鸟圭介公使带四百名水兵登陆朝鲜仁川

---

① 久保田米僊，久保田米斎.日清戦闘画報：第一篇 [M]. 東京：大倉書店，1894：一之一.
② 久保田米僊，久保田米斎.日清戦闘画報：第一篇 [M]. 東京：大倉書店，1894：一之二.

图3-5[①]用旁观者朝鲜民众的温和神情描画日本陆军出兵登陆朝鲜仁川的画面。

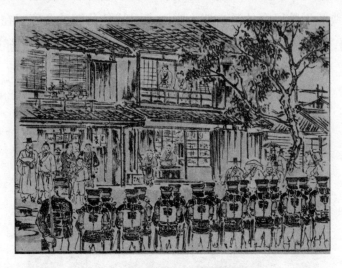

图3-5　日本陆军出兵登陆朝鲜仁川

此画中近处的朝鲜民众虽然都正面注视着日本陆军到来，但从神情上只能看出关切却看不出紧张和恐惧。随后图3-6[②]日本陆军开进汉城，也同样看不到战争即将到来的恐慌。

图3-6　日军开进汉城

① 久保田米僊，久保田米斎．日清戦闘画報：第一篇[M].東京：大倉書店,1894：一之三．
② 久保田米僊，久保田米斎．日清戦闘画報：第一篇[M].東京：大倉書店,1894：一之三．

以上久保田父子画面并没有呈现出日本出兵"合理性"以及战争即将到来带给朝鲜民众的恐慌，这种政治叙事主要是由《日清战斗画报》（第一篇）后的文字进行。

明治二十七年八月一日，我邦向各国通告对清国开战之旨，同年九月十三日，天皇陛下御驾亲征，大纛进入广岛，遂于同地召开临时会议。现今探寻与清国开战之原因，是基于朝鲜国东学党之蜂起也。

原本东学党不堪忍受朝鲜地方官之压制，基于忧愤而起义，年年蜂起于朝鲜各道，这并不是什么稀奇的事，每年其党人之增加甚多。今年春天也在全罗道蜂起。加上对闵泳骏一族的不满、对政府之暴政感到愤懑的有志之士，望风而动迅速聚集，立刻达到数千人之多。于是在全罗道拥戴首领，以古阜、井邑、泰仁等三个地方为根据地，在全州（全罗道的首府）、泰仁之间的白山设立大本营，凭借天险抵挡官军，四月二十二日初次开战。在第一战，东学党轻易击败官军的八百人，而后在二十六日，诱导大举进攻的官军进入埋伏，由四面同时进攻，官军大乱，战死者达到二百几十人。征讨军大本营所在地的全州完全落入东学党手中。由此，东学党通气脉于各道，闻风支援者约有两万人。其势猛烈，不可抵挡。于是确定各自任务，开始向各地进军。

此后汉城政府接到东学党蜂起其势猖獗的报告，非常惊慌。遂令洪启薰为征讨使率领亲军总营卫之精兵八百，立即进攻。

在去程，洪启薰由仁川乘船，布帆无恙，五月一日着于群山。洪启薰等人最初确信，东学党如果听闻派遣亲军的消息会不战而逃。又恐如果直接登陆与东学党作战，万一败北，东学党之势会渐渐壮大。决定不登陆留在船上，观察敌军的动态。然而东学党在亲军到来后，不仅没有逃亡，然而欲一举讨取获取功名，而准备不怠。此事为洪启薰所知，洪启薰一方面向汉城请求援军，另一方面将二分队之兵归属于全州监卫李璟镐指挥，以解一时之急，等待胜败如何。李璟镐败于贼兵，汉城的援军没有到来的迹象，于是洪启薰决意登陆，将全队分为两部分，一队向全州，一队向罗州，欲两队同时进发。听闻贼势尚无屈色，反而准备全力应战，于是再度集兵群山为一队，向井邑出发。

东学党分出四万大军的一部分侵占各地，主力欲在井邑与亲军会战，由人本营出动，沿途袭击全州，使其监司监营逃跑。

官军五月十二日凌晨到达井邑，未及休犒诸军。贼兵便早早袭来，互相乱战。经过数小时的激斗奋战，官军不支，破一方之围，勉强打开血路，逃向全州。在这次战斗中，官军战死者一百七十名，逃亡者二百名，随征讨使勉强保全一身者仅四百几十人。

这次井邑大捷使东学党渐振其威，反之征讨使大为灰心神色沮丧，无计可施，只能请求汉城急送援兵。

在汉城政府处，败报逐渐传来，虽然有人要借外国之兵征讨，但那不仅有违独立自主的本旨，而且向日清哪一方借兵虽有条约，可借兵的话，朝鲜将成交战地，人民也将骚动，此议不可而被排斥。又命徐炳薰为江华营五百名士兵的总督，五月二十二日由海路从仁川向全罗道进发，立即登陆，和全州的洪招讨使的军队会合。然而其又为东学党所败。全州遂全为贼兵所掠取。在这种形势下，贼人逐渐蔓延，以破竹之势，占据洪州石城，将要进军汉城。

听闻这种情况，汉城政府骚动异常。当时，在平时就等待时机，希望在朝鲜有事之时趁机展现朝鲜作为中国属邦之实的袁世凯，适时告知韩廷的掌权者闵泳骏，可以向中国政府请求援兵，闵泳骏也同意，在五月三十日通过电报向清国传送朝鲜请求援助之旨。清国应其请求，由李鸿章传令派送天津、旅顺口之士兵三千人，在忠清道牙山登陆，与此同时，六月六日基于《天津条约》，清国政府向我邦通告以保护外国居留人民为名出兵之旨，于是我邦也向清国政府通报为保护公使、领事两馆以及人民而派遣军队。

明治政府之前任命大鸟圭介为朝鲜特命全权公使，但尚未赴任，此时与外务省参事官宫本野一郎一起乘坐六月五日的第一班火车从东京出发。还有警视厅巡查二十人以及高崎警部与大鸟公使一起随行。同月八日下午四点安全抵达仁川，正好停靠在那里的各国军舰发炮表示欢迎。

那天夜里，护送公使一行到来的日本帝国军舰松岛、赤城、千代田、八重山等军舰的约四百名水兵登陆，九日拂晓大鸟公使一行由陆路进入汉城。

又东学党猖獗至极，听闻清军牙山登陆后，皆散逸隐匿，不知其居所。闻之，官军之逃兵渐渐归来，一时间官军人员渐增。不久，官军意气高昂凯旋回京。

这暂且不论，我陆军一千二百名在六月十二日登陆仁川，三呼天皇陛下万岁，然后各自扎营。十三日凌晨，进入汉城。某队在濒临汉江的龙山张开帐篷野营，某队分宿汉城居留地之民家。

此后又有我陆军士兵五千余人到达仁川，在同地之公园野营，其中三千名士兵在二十三日奔赴汉城。

起初朝鲜政府听闻大鸟公使率兵进入汉城，两度派遣王使在途中请求停止士兵进京，又派遣李容植到龙山，一再传达国王之哀求。但是大鸟公使并不理睬，进入汉城，后来士兵陆续进入汉城，朝鲜政府惊慌异常。其后千方百计请求撤兵，但是清军没有撤回牙山，所以没有只有我军撤退的道理，因此尽数拒绝其要求。

不知详情的朝鲜士民，听信战争即将开始，很多人大为惊恐，携带家财、妻子逃向乡下。其中清国商人尤其惊慌，早已离开店铺返回本国。①

---

①　久保田米僊，久保田米斋. 日清戦闘画報：第一篇 [M]. 東京：大倉書店，1894：1-4.

　　在日本紧锣密鼓地谋划干涉朝鲜内政、准备对清开战之际，画家久保田父子仍旧按照其艺术审美方式看待正在发生的一切，这其中图3-7[①]值得一提。

图 3-7　日军在仁川公园驻扎

　　从这幅图所配文字得知，这是日军在仁川公园驻扎露营的场景。画面中着墨较多的却是树木，日军的帐篷只是掩映在树木之中。在人物呈现上，与身处近处故而被仔细刻画的朝鲜挑夫相比，在画面远处才看到一名日军，因此这名朝鲜挑夫更容易被注意，更容易被吸引注意力。另外，从整体来看，不论是朝鲜挑夫还是日军士兵都很好地融入树木之中，而并非以人物为中心。这似乎是久保田坚持其日本画家的审美，而不是特别在意现实中的政治对峙以及即将到来的战争兵灾。直到日军开始出动进攻，久保田才逐渐把画面的中心从异域山水转向日军。

　　① 久保田米僊，久保田米斎.日清戦闘画報：第一篇 [M].東京：大倉書店，1894：一之四.

7月22日，为了逼迫朝鲜政府，按捺不住的大鸟圭介公使直接命令日军进攻朝鲜王宫，与王宫卫兵发生战斗后占领王宫。久保田也对这个事件进行描画。

图3-8　日军进攻朝鲜王宫

这幅图3-8①没有出现双方在宫门的战斗，而是出现了王宫守卫不敌日军撤往北岳的场景。尽管这幅图中树木仍占很大比例，但构图却是以日军为中心。图中日军所占画面达到三分之二，具体以远景日军军官指挥在前、近景日军士兵边射击边追击构成，画面左侧则是朝鲜王宫守卫逃跑的场景，王宫守卫手上没有枪支，没有抵抗，只是边逃跑边回头，处于溃逃奔命的状态。这幅画并没有放大或者说细化某个细节，而是以整体为视角进行描画。

日军占领朝鲜王宫以后，朝鲜国王事实上从此已经被日军控制，此后大鸟圭介公使扶植大院君作为代理人，并亲自穿上大礼服觐见朝鲜国王，施压朝鲜开展"弊政改革"。

---

① 久保田米僊，久保田米斎.日清戦闘画報：第一篇 [M].東京：大倉書店，1894：一之六.

图 3-9　大鸟圭介公使身着大礼服觐见朝鲜国王

这幅图 3-9[①] 构思上与随军入朝以来的绘画有着根本的不同。以往久保田父子出于日本画家的素养对异域山水特别感兴趣，因此不论在构思还是在画面空间中异域山水都是重要的表现内容，但这幅画久保田为了突出日军和大鸟公使，直接抹去朝鲜建筑、街道、行人等异域景物，甚至都不用来作为背景陪衬；只是出现了大队扛枪行进的日军，以及被朝鲜轿夫抬着身着鲜艳大礼服的大鸟圭介公使，并一改以往图中所配文字简略的习惯，图中文字详细交代此图的政治意义，即早上大鸟公使穿着大礼服，前往王宫觐见朝鲜国王，商谈朝鲜改革之事，同时朝鲜国王启用大院君。改变以异域山水为中心的构图，以日军为中心的构图开始成为此后久保田父子绘画的基本方式，如图 3-10[②] 日军占领王宫后朝鲜守卫枪支弹药旗帜等作为战利品运往龙山兵营。

---

① 久保田米僊，久保田米斎．日清戦闘画報：第一篇 [M]．東京：大倉書店，1894：一之七．

② 久保田米僊，久保田米斎．日清戦闘画報：第一篇 [M]．東京：大倉書店，1894：一之九．

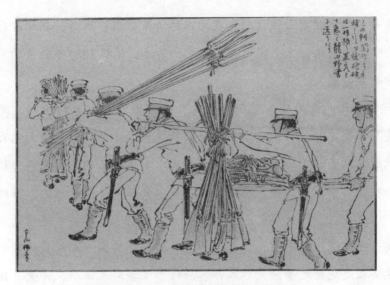

图 3-10　日军将缴获兵器运往龙山兵营

　　但上述日军发动军事政变占领朝鲜王宫逼迫朝鲜国王这一事件，久保田父子虽然用画面呈现出来，但这些画面所构成的政治叙事仍不够充分。关于这场军事政变的"正义性""合理性"，仍需要借助《日清战斗画报》第一篇后的文字记事予以提升。

　　既然得到了朝鲜确实是独立自主国这一明确回答后，就要证明其独立的事实，为此需要对不完备之处全部进行革新，或者进行创建。因此日本在七月三日的第二次对朝鲜的照会中对其劝告。其要旨为：第一，酌宜改正政府制度和地方制度以及选拔人才之事；第二，整理财政及开发富源之事；第三，酌宜设定法律、裁判法之事；第四，完成兵备保护国家安全之事；第五，起用学政之事等。为此要求韩廷立即选拔担当革新任务的委员大臣，韩廷容许后还颁布了弊政改革的诏书，设立改革委员会，选拔申正熙、金宗汉、曹寅承三人充任，并邀请大鸟公使担当顾问。但是这些改革很久都未实施。

　　七月十九日（也有说是二十一日），大鸟公使这次下定决心，再次向朝鲜政府要求以二十二日午后十二点为期限，答应三条要求。内容主要是：第一，朝鲜政府必须让驻屯在牙山的清军撤离；第二，朝鲜政府断绝与清国以往的关系，完全实现独立自主；第三，根据1883年的条约完成汉城近旁的我国某某建筑。

前已言及，虽然日本党渐渐得势，但是因为事大党的原因，尚未有人支持其施展才能。但是对于大鸟公使所提出的三条要求，事大党百般阻挠，欲通过改变国王的主意来拒绝这些要求。清兵入朝是因朝鲜为镇压东学党的内乱请求清国出兵，现在由我方要求其撤离也是应该的。据此大鸟公使再次照会说，内乱镇定后应该归去，所以请求（清兵）离开是当然的事，没有任何奇怪的地方。但是清兵依然驻扎，难道不是对韩廷抱有异图吗？这实在是危险之事。此后本邦答应给予（朝鲜）保护，并受开化党委托于早上五点多将驻扎在龙山的我军二个中队士兵派往朝鲜王宫。

指挥官森少佐将兵分为三部分，一部分前往正门光化门，一部分前往西门迎秋门，剩下的一部分前往东门建春门。前往迎秋门的一队直接把门拆掉进入，其他两队将门打开派兵进入，内外声音相合一同呐喊，其声勇猛惊人。从迎秋门进入的士兵直接进入维享门，穿过左方的小门后到达国王的宫殿进行守护。从建春门进入的士兵正准备进入神武门，这里有一队闵泳骏派士兵把守并配有大炮，好像做好了战斗的准备。等日军士兵靠近时突然发炮，但是大炮没有响。我邦士兵本来就是为保护王宫而来的，开炮将他们炸伤并非本意。要将他们赶走，但是闵兵的抵抗非常激烈，所以不得已应战。不到十五分钟，他们全部逃到王城后面的北岳上去了。这次小战斗中朝方士兵死了十四名，我邦士兵一人毙命，因负伤而痛苦的朝方士兵被担架抬到野战医院，施以精心治疗。

战斗中，森少佐、田边大尉等进入国王的宫殿，看到日渐蒙受君恩并以此自傲的闵族早已逃到城外。国王身边肃然站着的只有金夏英一人，少佐大尉相互对视了一下，顿生怜悯。离玉座只有咫尺时，向国王敬了一礼。通过翻译向他上奏说，经常听到闵党企图兵变，清国兵也想在王城作乱等危险传闻，于是担心国王会有危险，我公使特派我等前来守卫，从此国王可以安心。国王始终面带微笑，说了一些十分感谢贵邦好意的话。但是又问道，现在后门方向不断听到炮声，是发生什么事了吗？我方回答说，我等为守护殿下而来一事是不容误解的，不用说那是贵国士兵在发炮，我们不得不应战。短时间内只能这样，再过一段时间就没有烦扰御心的事情了。

另外，各种上奏中的改革要求最后都被拒绝之事都是事大党所为，国王是非常希望改革的。既然如此，就应该迅速着手进行改革。但是如果没有担当此任的人选就无法实现改革，应该选谁不用说就是大院君最合适。总之，让大院君出仕才是最紧要的。以校洞为王使派往大院君的府邸云岘宫，刚开始大院君拒绝了，不愿意。再度派遣王使后，大院君才起身准备进王宫。为防止途中发生不测，派遣我邦一中队士兵护送大院君的轿子，当时的天气从两三天前开始就阴晴不定，晴朗的天突然下起了瓢泼大雨。队伍在雨中稳步前行，令人称赞。

大院君不愿从正门光化门进入，所以准备从西门进去，但是城门紧闭不知如何是好。于是向内紧急派去使者，门很容易就被打开，一直通到国王的寝殿。

朝鲜国王殿下身为一国之君而受到敬仰，但是因为闵家而与自己的父亲大院君相隔，他们已经很久没有见面了，花开花落月盈月亏只能望着云岘宫独自泪湿御袖。今天听到大院君的到来，殿下突然从玉座上起来，一直迎到门口，一时相看泪眼竟无语凝噎。殿下拉着大院君的双手，一起走进宫殿里面，即使是在世嗣义和宫内还是拉着大院君的御袖泪流不止。

不久，大鸟公使也穿着大礼服，装扮得金光璀璨令人目眩，在我邦士兵百余人的簇拥下和国分书记生一起坐着轿子入宫参见。进行了一番商议后，于午后二时离开，回到公使馆。

扣押朝鲜兵的带刺刀步枪、刀、剑、弹药、大炮之类，虽然还要全部返还，但是现在暂时保存着，由辎重兵送往龙山野营。

这天午后三时无事，福田大尉、那河大尉仅率领一中队的士兵到亲军统卫营。向正门喊话，国王很安全，请放心。国王既然委托我邦士兵进行守护，朝鲜士兵就应该稳妥地将兵器交出然后离开。再次要求他们打开门，也没有任何回答。而且从后门悄悄地出来向我邦士兵侧面发炮。事到如今不能再犹豫，我邦士兵破门而入，不到十分钟就将其变成我邦士兵守护的地方。闵党士兵全部从北大门逃出，向城外逃遁。这次闵兵死亡十数名，我方只有轻伤者一人。

接下来，韩廷就开始着手进行改革了。①

日军发动军事政变占领朝鲜王宫逼迫朝鲜国王这一事件无疑促使久保田父子的身份由画家向偏向日本的政治观察者转变。此后他们最初集中关注的异域山水变成了以日军为中心，以往和平无事般的行军露营场景开始被战斗杀戮场面所替换。这意味着表现战斗以及战斗带来的伤亡必不可少。《日清战斗画报》第一篇中很少有士兵战死和战伤画面，除了图3-10（见P97）中7月22日日军追击逃亡北岳的朝鲜守卫画面以外，还有图3-11②7月23日日军占领王宫后进攻亲军总卫营这一场景。

图3-11　日军占领王宫后进攻亲军总卫营

---

① 久保田米僊，久保田米斋．日清戦闘画報：第一篇 [M]．東京：大倉書店，1894：7-10.
② 久保田米僊，久保田米斎．日清戦闘画報：第一篇 [M]．東京：大倉書店，1894：一之九.

　　此图是以日军为中心进行描画，画中的日军神情警惕，除了日军以外，画面人物还有战死或战伤的朝鲜士兵。对这些战死或战伤朝鲜士兵的描画，久保田没有描画士兵的痛苦神情，没有描画出战死或者战伤后本应该出现的鲜血淋漓的浓重场景，他描绘的是没有流血也没有痛苦的战死或者战伤画面。这可以说是久保田父子基于政治审美对于战争带来痛苦和伤亡的回避和淡化处理。

　　尽管久保田父子的绘画有着从关注朝鲜异域山川到以日军为中心的转换过程，但值得注意的是，与一般政治报道的新闻配图或者下文所要讲到的日本民间锦绘画师大量且隆重使用日本国旗来进行政治话语叙事不同的是，在《日清战斗画报》第一篇收录的久保田父子的绘画中，哪怕是直接与日军行军战斗相关的画面，也没有出现日本的国旗日章旗、日本陆军的军旗旭日旗。直到7月25日，中日在丰岛海面开战，久保田才在图3–12[①]中使用海军军旗日章旗。

图 3–12　丰岛海战

因为久保田父子作为随军画家此时多跟随日本陆军行动，并没有跟随

---

①　久保田米僊，久保田米斎.日清戦闘画報：第一篇 [M].東京：大倉書店,1894：一之十.

海军作战，所以这一幅表现海战的画面应该是久保田根据想象所作，其中的战斗细节并非其亲眼所见。《日清战斗画报》第一篇后的文字记事特予以补充。

但是这期间，即七月二十五日上午十一时左右，数日前一直停泊在仁川港的清国两艘军舰济远、广乙突然拔锚，不知前往何处，总让人觉得很奇怪。于是派遣同样停泊此处的我军军舰三艘，于上午四时多朝着南洋湾的方向前去侦察。午前七时左右来到丰岛附近海域，之前从仁川出发的济远、广乙两艘军舰朝着我方军舰的方向不断靠近。看到我方军舰上挂着的将旗后，不仅没有敬礼，还将大炮调成备战状态。渐渐接近时，我方不知道他们因为什么原因要准备作战，既然他们做好准备，我方也必须开始准备。正在紧急准备时，轰然一声，他们已经开始向我方发炮。于是互相发炮，进入战斗。因为我方操作熟练，没有中弹。我方发射的弹丸则命中济远、广乙。他们经受不住，假装在桅杆上悬挂我日本帝国国旗，并在下面打出白旗，做出降服的样子。我军舰也停炮，向他们的军舰靠近。大概在三百米不到的距离时，济远号突然发射水雷，并在此时发炮。我军舰在应战中，看到远方的北洋舰队里的操江号卑怯、不死心地悬挂某国国旗欺骗我方。这艘船已经被清国方面的人确认，正是清国军舰。操江号是为护送载有清国陆军士兵一千五百名的运送船高升号而来的。为了侦察，我方一艘军舰朝着此船的方向前去。渐渐到了可以发炮的距离时，操江号向我军舰发炮，挑起战争。于是我方应战，就像争夺双龙玉一样勇猛无前。

不久，济远、广乙受到极大的损坏，自知抵挡不过，济远朝着清国方向、广乙朝着牙山方向逃去。广乙不仅途中失火，而且搁浅后遭水兵遗弃，士兵登陆后便逃跑了。

与济远、广乙战斗后，我方军舰并没有去追击，直接援助与操江号作战的军舰，并将运送船击沉。操江号表示降服后，我方军舰也停止炮击，将其捕获，这是一件令人愉快的事情。①

第二节　日本国战争的视角

从《日清战斗画报》第二篇开始，久保田父子正式进入描画战争阶段。第二篇主要描画的是日军从汉城龙山兵营出发，经过果川、水原、振威、安城、天安等地，进攻驻守在牙山的清军期间经历的几场战斗。尽管作为随军画家能够目睹很多战斗场面，但战争的真实场面却并没有完全被久保田父子描画出来。比如第一篇中所采用的不流血式的回避战斗真实伤亡的绘法，仍然在第二篇画报中得以延续。

图3-13和图3-14②是久保田画报中首次关于清军士兵的描画，作为随军画家的久保田虽然不能身处战斗第一线，但在远处可以观察到日军和清军对射肉搏的场景，可被久保田画笔绘入的画面只有清军溃败以及战死战伤的画面。这也是久保田描画日军与朝鲜军队战斗画面的相似之处。但这两幅画与上文同样描画日军与朝鲜军队战斗场景不同的是，这幅画中明显呈现了日本的军旗旭日旗。旭日旗是日本国家的重要象征，以往久保田描画的日军行军以及战斗的场面中从未出现军旗，此次出现陆军军旗无非是想让读者将这些画面所呈现的细节归纳为这是日本国的战争。

① 久保田米僊，久保田米斎.日清戦闘画報：第一篇 [M].東京：大倉書店，1894：10-11.

② 久保田米僊，久保田米斎.日清戦闘画報：第二篇 [M].東京：大倉書店，1894：一之十五，一之十七.

图 3-13　日军右翼支队进攻清军

图 3-14　日军呐喊冲入清营，清军溃败而逃

在呈现清军士兵战死战伤场景上，从这两幅画可知久保田采取的是靠近清军一侧的取景视角，仿佛其身旁就是战死战伤的清军，或者正在溃败逃命的清军从其身旁穿过。这种靠近清军的视角呈现与战斗实际上是不相符的，作为随军画家以及其他随军记者等并非战斗人员，只能并且必须待在日军的后方观察，而且只有等战斗结束后才可以细致地观察战场上的战死战伤者。另外，虽然久保田采取这种靠近清军的观察视角，但所描画的战死战伤的清军却有些失真，与战死战伤的朝鲜士兵一样，没有显现鲜血淋漓的场面，没有战伤士兵的痛苦惨状。这可能是担心对战死战伤士兵的具体描画会过于吸引读者的注意力，由此干扰画面人物以日军为中心以及日军"英勇"战斗所呈现的日本国战争主题吧。画面中的日军士兵队列整齐，动作规范利落。尤其是在描画日军的战斗场景上，并没有出现哪怕一例日军士兵战死或者战伤的场面。进一步说，通过战死战伤、溃败逃命的

清军作为映衬，画家久保田所呈现的日军每场战斗仿佛是在操练，然后就获得胜利。

但即便日军训练有素、指挥官指挥得当，日军士兵也同样面临战死或战伤的现实，但在久保田画笔下的日军战斗场面却没有真实呈现日军的战死战伤情况。究其原因，显然不是久保田没有目睹日军士兵战死或战伤的场面。有这样一副久保田描画的日军在战地医院包扎绷带的场景，如图3–15[①]所示。

图3–15 日军战后在安城渡口设立战地救护站

这幅图中主要以战地救护站为背景，呈现日军战伤士兵得到绷带包扎护理的场景。这些战伤士兵出现在救护站，而不是出现在具体的战场上，换句话说，画面中只呈现朝鲜军队和清军战死战伤的场面，而不是平等而真实的呈现战斗带给战斗双方士兵的场面，这意味着对于画家久保田而言，所着力描画的不再是具体的真实，而是传达一种政治叙事，即日军英勇战斗获胜，朝鲜军队、清军战败死亡，再加上军旗象征所在，以此让读

---

① 久保田米僊，久保田米斎．日清戦闘画報：第二篇 [M]．東京：大倉書店，1894：一之十七．

者获得日本国在战斗中获胜的战争认知。这种政治叙事式的画面呈现，无疑会使得读者失去对死亡的本能恐惧，只是将注意力集中于对日本国战争这一主题，进而对日本国的胜利获得满足感和愉悦感，实现战争审美的目的。试想一下，以作新闻插图为己任的画家久保田如果真实且平等呈现战斗给日军、朝鲜以及清军士兵带来的死亡和痛苦，那么上述日本读者将不会如此容易地获得死亡所带来的满足感和愉悦感吧，会对战争有所反思吧。

进一步说，对久保田而言，其对画面的构思显然并不想如此真实而平等地呈现战斗带来的战死战伤场景，久保田画笔下的日军战死或战伤是以一种怜惜"英雄"式画法呈现的。如图3-16①所示。

图 3-16   松崎大尉战死

图中文字介绍松崎大尉战死的细节。"旅团分离本队为左右队，七月二十九日凌晨一点日军出发前往素砂场，全军分为左翼和右翼，左翼为主力，左翼向左转，右翼直接渡过安城河后，来到一个村庄。月黑天未明，四面苍茫素缟。忽然村庄中潜伏的清兵杀出，担任前锋的松崎大尉战死，另外日军渡过安城河支流时溺亡十几名士兵。"

---

① 久保田米僊, 久保田米斎. 日清戦闘画報：第二篇 [M]. 東京：大倉書店, 1894：一之十四.

《日清战斗画报》第二篇后的历史记事更详细记载了这一过程。"右翼队是步兵第二一联队第三大队和第七大队，武内中佐是将领，上午二点左右从露营地出发，三点五分到达安城河西面大约七百米的一个村落，先行的松崎大尉也来到这个地方。担心清兵埋伏在这里，所以警惕着四周，这是遇到一个逃难的朝鲜人，直接叫住，询问这边有没有清兵，朝鲜人还未回答，清军突然出现，隔着仅仅三十米放枪。我军也整理队伍迎战。这时飞来一颗子弹，击中了前面松崎大尉的脚部，即使这样，大尉也没有退缩，勇气倍增拔出刀与敌人战斗，子弹又飞过来打中了头，大叫一声'打中我了'。十分勇敢，为他的死亡表示哀悼。"[①]

画家久保田所描画的松崎大尉战死同样被随军记者报道给日本国内，"二十九日上午三时右翼军渡过安城河，连日降雨河水水位上涨，浅处亦几乎无法通过，松崎大尉挥剑，率众抢先渡河，全军陆续跟上，溺死数人，岸边有人家十几户，前面的部队通过民屋，后面的部队刚要通过，突然五百名伏兵出其不意蜂拥而至袭击我军，我军殊死奋战，松崎大尉于此处战死，我军逐步攻入敌军内部，旋即开始了炮击，激战进行了一个小时清军大败，伏兵于是逃向成欢驿堡垒，我军进行追击，直至不见一兵一卒。"[②] 但不论是画家久保田还是随军记者对松崎大尉战死的报道，立足点并不是让日本国民关注战争造成日军多少伤亡，甚至清军多少伤亡，乃至造成朝鲜民众的伤亡。日本传媒大量报道松崎大尉的战死是为了以此宣传日军"英勇"战斗，是"英雄"的行为，是日本国民的"榜样"。此后松崎大尉以及随后的军号兵白神成为这场战争的重要象征，以此鼓励日本国民参与和支持这场战争。

---

① 久保田米僊，久保田米斎 . 日清戦闘画報：第二篇 [M]. 東京：大倉書店，1894：3.
② 松崎大尉戦死、安城河畔の激戦 [N]. 読売新聞，1894-08-10.

图 3-17　军号兵白神战死

图画 3-17[①] 描画的是军号手白神源次郎（篇后历史记事中记载的是白神源治郎）重伤而死的画面。图中文字描述这一过程，"激战一会儿，清军败退，日军开始追击。其中一名军号手不断吹号，飞来一颗子弹穿透了他的胸膛，然而该名士兵毫不屈服，继续吹着军号，军号声音走调但一直未停，直到该名士兵战死，军号仍呜呜响着。这等勇敢的军号手是谁？姓白神名源次郎，备中浅口郡船德村人。"

与松崎大尉相比，军号兵白神是一名士兵。但画家久保田却比松崎大尉战死那幅图在构思上更为用心。与表现朝鲜士兵和清军战死战伤的取景视角一样，画家久保田仍采用仿佛身处该名士兵身侧的视角描画其重伤而死的画面。虽然该名士兵被枪弹贯穿胸膛，但画面中没有血迹，画面中的士兵靠着一只手支撑身体的力量，表现其重伤的样子，整个身体的方向与日军追击的方向一致，画面中最为突出的无疑是那个军号，被士兵左手举起。这幅画面刻画极为细致，意在突出该名士兵至死都没有放弃吹奏手中的军号。因此其渲染的"英雄"形象也更容易让读者动容，这种对个体牺

---

① 久保田米僊，久保田米斎．日清戦闘画報：第二篇 [M]．東京：大倉書店，1894：一之十四．

牲的强调无疑会让看到的日本国民产生对这名士兵的惋惜和崇敬之情，进而促使日本国民自我产生种种可以归结为参与和支持战争的理智和情感"自觉"。

　　经过几次战斗以后，日清双方暂时归于平静，于是画家久保田再次把一般的行军场面绘入画面之中。图3-18呈现的是牙山战斗结束后日军在整理这些缴获品，这与前几幅画所呈现的紧张战斗场面相比，气氛缓和很多，士兵没有佩戴枪支，轻松地站着、坐着、交谈着。在这幅画面中久保田再次将异域景物和建筑绘入画面之中。

图3-18　日军占领牙山清理缴获品

图3-19　8月5日日军在龙山举行凯旋仪式

图 3-20　8 月 9 日日军举行庆贺宴会

牙山战斗结束以后，日军开始返回汉城庆祝胜利。

图 3-19[①] 是日军在龙山举行凯旋仪式，画面正中虽然并列悬挂着朝鲜与日本的国旗，用以说明大鸟公使和朝鲜国王派出敕使迎接凯旋的日军。但画面的中心人物仍是日军，日军队列整齐，只在画面的局部从衣着上可以看出出现了几个朝鲜挑夫，让读者不难看出这只是日本国的胜利，朝鲜国旗以及朝鲜挑夫的存在只是映衬日本在异域朝鲜取得的胜利。图 3-20[②] 中仍是以日军为中心的庆祝战胜仪式。

如果细细品味画家久保田的构思倾向，在面对战斗带来的死亡和受伤时，久保田总会以贴近战死战伤者的视角去加以描画，但又不愿意真实呈现鲜血淋漓的惨状和痛苦，对于清军士兵以不流血（不想因为惨状引发读者同情清军士兵）的方式，对战斗中不可避免出现的日军士兵伤亡（不想因为日军士兵的伤亡引发读者恐惧战争）采用不出现在画面中的回避方式，对于个别日本军官和士兵的描画采用一种"英雄"式的方式，不是只强调其生死这一场景，而是一种具有"勇敢和英雄榜样"式的战死。画家

---

① 久保田米僊，久保田米斋．日清戰闘画報：第二篇 [M]．東京：大倉書店，1894：一之二十．

② 久保田米僊，久保田米斋．日清戰闘画報：第二篇 [M]．東京：大倉書店，1894：一之二十．

久保田对于战争或者战斗这种表达方式不是真实情感的表达，而是一种政治叙事式的表达，即对真实死亡的评价要纳入政治范围之中，不能冲淡以日本国为中心的政治叙事核心。

第三节　日本国战争视角的进一步强化

从汉城龙山出发到牙山期间的一系列遭遇战，作为随军画家的久保田亲眼目睹，并在以上述日本国的战争政治叙事目的下构思并呈现出来。此后日军从汉城出发北上，进攻平壤的清军，画家久保田继续随军出征作画，并收录在《日清战斗画报》第三篇中。

但经分析可知，在《日清战斗画报》第三篇中收录的很多画作并非是久保田目睹的场景，不过这些场景仍被久保田以想象的方式描画出来，用以进一步向读者强化日本国的战争这一中心政治叙事目的。比如图3-21[①]。

图3-21　宫中大本营御前会议图

---

① 久保田米僊，久保田米斎.日清戦闘画报：第三篇 [M].東京：大倉書店，1894：三之一.

这幅画名字叫作"宫中大本营御前会议图",第三篇后的历史记事描述该会议的内容,"七月十七日清早,参谋本部就到伊藤总理、陆奥外务、西乡海军、榎本农商务等几位大臣及山县枢密院长的宅邸进行报告。上午九点,以有栖川宫、小松宫两位大将为首,大山、西乡、桦山、榎本、川上等数位将领候于宫中,召开了御前大会议。会议决定恢复桦山现役中将身份,任命其为海军军令部长,桦山中将接受这一任命并前往佐世保。"①但这幅画是久保田的想象之作,御前会议这种最高等级的军机会议不是他能够列席的。但久保田仍要描画日本军政要员在天皇面前召开的会议,这是画家久保田将战争的描画层级从具体的战斗场景、具体的士兵进一步升级到日本的最高政治层面,以此来强化日本国的战争这一中心政治叙事目的。

除了这幅图直接描画日本最高政治层面以外,此后身在朝鲜的久保田在具体战斗场景的描画中对日本和清国双方指挥官的关注比以往更多,这也是其以往以士兵为视角、以前线为视角的一次重大改变。紧接着宫中大本营御前会议结束以后,图3-22②就是日军野津中将从朝鲜釜山登陆来到朝鲜指挥作战的场面。之前日军的最高指挥官是旅团长大岛少将,但日本对清国宣战以后,决定派遣第五师团长野津中将率大批部队渡海从釜山登陆,八月十九日从陆路进入汉城。大岛少将率领旅团的士兵二十四日从龙山出发。野津中将也将指挥全军北进进攻在平壤的清军。

图3-23和3-24③所关注的对象仍是日本政治军事高层人物。分别是日本对清国宣战以后,日军决定在广岛设立大本营,以及日军山县有朋大将经过汉城迎恩门的场景。

---

① 久保田米僊,久保田米斋.日清戦闘画报:第三篇 [M].東京:大倉書店,1894:1.

② 久保田米僊,久保田米斋.日清戦闘画报:第三篇 [M].東京:大倉書店,1894:三之二.

③ 久保田米僊,久保田米斋.日清戦闘画报:第三篇 [M].東京:大倉書店,1894:三之五,三之十一.

图 3-22　日军野津中将登陆釜山

图 3-23　9 月 13 日天皇帅旗移往广岛

　　第三篇后的历史记事对日本天皇前往广岛大本营记述如下。"此日风和日丽，千代田的松枝常绿，天神地祇佑护帝国万年久长。上午七点大元帅陛下与皇后陛下同列，在众多随侍人员的陪同下从正门出来按既定路线在七点十五分到达新桥停车场坐上御用车撵。已在此等候的皇太子殿下、炽仁、彰仁各殿下及伊藤总理大臣、文武百官整齐列队逢迎。此日忠实勇武的百万臣民，毕恭毕敬的祝福御驾亲征的启程。凌晨就聚集在东西南北通道上的臣民肃静等候天皇车驾的到来。龙颜极其勇敢秀美，臣民叩拜的同时祝福天皇万岁。"①

图 3-24　山县有朋大将经过汉城迎恩门

　　久保田除了关注日军政治军事高层以外，还试图描画清军高级指挥官。图3-25②描画的是清军将领叶志超向平壤撤退的画面，也是他的想象之作。

图 3-25　清军将领叶志超向平壤撤退

　　这幅画轿中所坐之人应该是清军将领叶志超，从当时日清两军战斗

---

① 久保田米僊，久保田米斎.日清戦闘画報：第三篇 [M].東京：大倉書店，1894：11.
② 久保田米僊，久保田米斎.日清戦闘画報：第三篇 [M].東京：大倉書店，1894：三之三.

位置来看，画家久保田不可能亲眼目睹叶志超撤退的场面，所以其依靠想象所描画的情节离实际太远。因为，清国一般是文官坐轿，武官骑马，此时清军将领叶志超既然是率兵从牙山撤往平壤，应该不会选择行动缓慢的轿子。

在第三篇的画作中也出现了朝鲜官员的身影。画家久保田描画了日军抓捕朝鲜官吏瑞兴府使洪钟渊的场景，这幅画作特别值得关注与分析。如图3-26[①]所示。

图3-26　日军抓捕朝鲜官吏瑞兴府使洪钟渊

在《日清战斗画报》第三篇的历史记事中对此有详细描述。"八月二十九日从金川出发向平山行进的时候，猪临河的水冲垮了桥，全军暂时在玉女峰山腹处安营。等到三十一日水量减少时启程，九月一日到达平山。立见少将从朔宁的支线向平山出发，途中经过南川店。九月二日立见少将向朔宁线出发。九月三日旅团从平山到达葱秀。此地东西是高山，一河溪沿途流淌。山腰河岸都是我军的驻地，入夜时分各营都燃起了篝火。初四的蛾眉月斜挂在山巅，飒飒秋风吹拂着草间的凝露，虫鸣唧唧，戎装微寒。战士们拿着武器仰望着早晚也会照着尸骸的月亮。大岛将军坐在帐

---

① 久保田米僊，久保田米斋.日清戰鬪画報：第三篇 [M].東京：大倉書店，1894：三之四.

幕里探讨着前方的地势。先前我军大举北进，以及一户少佐为先驱的先遣队在途中征调物资可以看出沿途人民力量有限。唯独瑞兴府使不仅找种种借口还隐瞒事实。所以旅团本部到达瑞兴后，长岗参谋长打算严肃地诘问府使，正在那时，府使洪钟渊一副坦然的样子到本部拜访大岛少将，大献阿谀之词，却对长岗参谋长对于近几日行为的诘问回答暧昧。小吏却将府使的秘密全盘托出。因此长岗参谋长大喝一声直接命士兵将洪钟渊捆住并戴上枷锁下入狱中。然后通过电报向大鸟公使申请要求朝鲜政府派使者接收这个罪人。"①

从中可知，仅仅是因为朝鲜瑞兴府使对于日军先遣队要求征调人力和物资推诿，就被日军参谋长"义正辞严"诘问甚至直接被当作犯罪之人予以逮捕，随后只需要驻汉城大鸟公使发报通知朝鲜政府即可。这一场景无疑是对朝鲜政府行政权和司法权的肆意侵犯。但在此幅画作的作者以及当时的日本读者看来，朝鲜官吏被捕这是对日本国战争不予配合的"咎由自取"，并不会意识到日本国战争野蛮粗暴性的一面。

从当时日本军队可以随意处置朝鲜官吏的行为可以推测出，日军在朝鲜战场上的所作所为并非是像《日清战斗画报》第二篇历史记事中所描述的那样安抚朝鲜民众。"这场战役（牙山战斗），敌人死亡数大约五百名以上，我军死伤合计七十名左右。说敌军去向何方，其大多数经过新昌县，逃往洪州方面。第二天，缴获的米粮分给朝鲜民众，帐篷、旗帜、弹药等从白石浦坐船，运往仁川，还有伤员和一中队的士兵一起用船送回去了。缴获的弹药数量很多，船上装满后，剩下的全部烧毁。"②画家久保田在描画众多行军以及战斗场面中，几乎没有描画被战争伤及无辜的朝鲜民众，因为受战争殃及的朝鲜民众无法与日本国战争这一中心政治叙事目的建立正面关联。

---

① 久保田米僊，久保田米斎.日清戦闘画報：第三篇 [M].東京：大倉書店，1894：4.
② 久保田米僊，久保田米斎.日清戦闘画報：第二篇 [M].東京：大倉書店，1894：5-6.

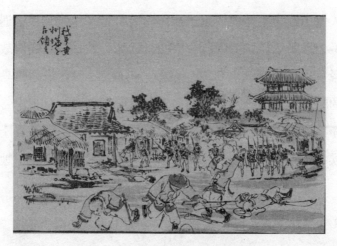

图 3-27　日军先遣队占领黄州城

　　图 3-27[①] 是日军先遣队占领黄州城的画面。与上述描述日清两军战斗画面一样，画家久保田描画的仍然是清军败退、清军士兵战死战伤的场景，也仍然采用靠近清军的取景视角，而远处的日军有序地冲上来。日军占领黄州城是随后日军进攻平壤的重要准备，此后各路日军汇集到黄州城。因此篇后的历史记事详细描述日军占领黄州城。"九月六日天还没亮时，一户少佐率领前卫一大队向黄州方向行进，最前方的二十几名骑兵遭遇清军的侦察兵，我军起而追之，击倒一位敌人，我军更进一步追击敌军。在进入黄州城门的时候朝鲜士兵一起发炮，我军士兵等待迟迟的一声令下，端起各自的枪口，如万雷齐落般的射击。敌军也以必死的决心应战。终于城内的敌兵散开溃走，无对抗者。我军未损一兵进入黄州。上午八点三十分进攻平壤取得了第一阶段的胜利，黄州已经落入我军手中。七日，旅团本部及炮兵、骑兵、卫生队抵达黄州。从瑞兴而来的野津中将率领的师团、大迫少将率领的元山士兵及立见少将率领的朔宁支队会师，开始向平壤发动大攻击。"[②]

　　与此前久保田画作中的清军非死即伤或者溃逃奔命不同的是，此后的

① 久保田米僊，久保田米斋. 日清戦闘画报：第二篇 [M]. 東京：大倉書店，1894：三之五.
② 久保田米僊，久保田米斋. 日清戦闘画报：第三篇 [M]. 東京：大倉書店，1894：4-5.

一幅画作久保田较为生动地描画了清军骑兵与日本斥候骑兵遭遇的战斗场面。如图3-28[①]所示。此图中所着眼的是远处一名日军斥候对战四名清军骑兵的场景，以此表现该名日军斥候的"勇敢"。但在描画骑马冲上来的清军士兵的时候，通过统一对扭曲眉毛和嘴巴的刻画，呈现出一副穷凶极恶、面目狰狞、杀气腾腾的样子。而在以往描画日军射杀朝鲜士兵和清军士兵的时候，日军士兵的脸上却从未出现这种表情，而是统一地表现出平静和严肃。

图 3-28　清军骑兵与日本斥候骑兵遭遇的战斗场面

以往画家久保田在构思画面的时候，虽然是以日军为中心，但日军中的指挥官并不会被特别凸显出来，或者处于画面叙事的关键地位。但在图3-29船桥里激战中，与以往一样仍然选择描画清军士兵溃逃的场景，但日军之中骑马手握战刀冲锋在前的指挥官却成为表现日军"勇敢"的关键所在。图3-29[②]中文字并没有说明图中指挥官是何人，但在篇后的历史记事中突出强调船桥里之战的指挥官是大岛少将。"再说平壤被我军四面围攻占领，其中尤为激烈的战斗是大岛少将面对的船桥里。"[③]

①　久保田米僊，久保田米斎．日清戦闘画報：第三篇 [M]．東京：大倉書店,1894：三之七．
②　久保田米僊，久保田米斎．日清戦闘画報：第三篇 [M]．東京：大倉書店,1894：三之九．
③　久保田米僊，久保田米斎．日清戦闘画報：第三篇 [M]．東京：大倉書店, 1894：7-11.

图 3-29　船桥里激战

　　大岛少将率领的旅团的特别方略是部署了右翼、中央、左翼、独立的四队。右翼由西岛中佐指挥，中央由武田中佐指挥，左翼由奥山少佐指挥。右翼队十五日凌晨四点出发向船桥里东向行进，中央队凌晨三点出发，左翼队将要对战从水湾桥渡过大同江的敌军左翼。

　　阴历中秋月如铜镜般照在苍茫的田野上，秋草上浮动着月光。九月十五日拂晓，寂静的古都对岸轰然射出一发炮弹。凌晨四点从营地出发的右翼队在船桥里的田间徐行，经过黍田正向敌军第一炮垒逼近。凌晨三点出发的中央队也从侧面一起向敌军第一炮垒第二炮垒射击。我军开始射击时敌军立刻激烈地还击。大同江的炮垒攻势尤其猛烈。从射向我军两队的炮击开始，敌方的炮声震破山野，炮火如闪电般飞向东西南北，没有刹那的中断。凌晨四点四十分伴随着冲锋号，发出巨大呐喊声的右翼队如疾风之势逼近敌垒。敌军遂向第三炮垒逃去，此时中央队从侧面逐渐进击，到碑石洞的小森林（前线的撤兵线很广，需要与右翼队联系还要向前线增加，听说在林间房屋间行进的敌人向左翼进发）。中央队作为预备队加入了左翼队。炮声越发激烈，一发炮弹落到西岛中将身旁，弹片掠过中将的左额，中将顽强不屈大举进攻，最终我军右翼占领了敌军第一炮垒及第二炮垒，又向第三炮垒进攻。由于第三炮垒拥有坚固的外在构造及高速射击的连发炮，我军士兵死伤甚多。中央队的森少佐率领十一联队第三四中队向敌军第三炮垒逼近。敌军占有地利，激烈的射击使我军无法接近。少佐也无法进攻，此时十一联队第一中队长町田大尉率领十四名士兵一往无前地越过第一炮垒行至第二炮垒，眼看要攻入敌阵，一颗炮弹落下，接下来打中田丁田大尉的肩膀洞穿胸口倒在地上，一时间士兵纷纷倒在地上，只剩下军曹山下某和两名兵卒。

　　东方渐白，六点过后以六艘轻舟飞渡大同江，敌军小枪乱发。在轻舟上呐喊着攻向敌军右翼的是奥山中佐率领的右翼二中队，通过与师团联合进攻。此时清军烧了羊角岛的民居，长长的火焰浓烟蔓延，深红的长长火舌仿佛舔着天空，十分可怕。上午十点左右大火烧毁两处场所。午后在三十多个场所广泛分布的左翼炮队在水湾桥西北土器站以北。浓烟四起，奥山中佐等仅以两个中队的士兵无法改变现状，遂退到土器站附近。早上六点半左右。向着牡丹台北的溪流我军发射了霰弹，如雷落下。牡丹台在两山之间，炮声回响，十分可怕。朔宁、元山的我方军队发现在平壤的清兵狼狈地从牡丹台向西转移。骑兵从山上下来，这一刻正与野津中将正相对，发现了这一情况的敌军感到了为时已晚的恐惧，面对大岛旅团的锐利进攻，逃跑也会陷入被歼灭的危险，于是下了殊死一战的决心。如船桥里之战丝毫没有衰退的敌军反而增加了一个大队的士兵。一户少佐率领预备队从碑石洞向船桥里东南开始进一步的攻击。船桥里的敌军毫无胆怯之色，或率领七八士兵挺身迫近，或拔刀冲入敌阵。诸将领身先士卒激励督战。这场激战中大岛少将在预备队阵前视察战况，一颗流弹突然掠过其胸部造成轻伤（流弹从侧面……）。我军右翼炮队在敌军的东面四百米没有合适的炮击位置，那一带是黍田没有合适的阵地，只能徒劳地受到敌军的枪击。于是上午十点开始撤退到后方的高丘上不间断地发射炮弹，此处距离对岸敌垒有两千米以上的距离。羊角岛的火势导致前面漆黑一片。我方发射炮弹的效果并不显著，敌军用船桥运送新兵和补充弹药。

　　下午两点二十分左右羊角岛大火的浓烟和今早开始的炮声唤来了一场大雨，雷声大做，炮声一时沉寂在雨里。平壤一带必定会有一段时间山河晦暗，大岛少将下达了各队后退的命令（三点左右毫无准备的敌垒被充满，清兵开始寻找退路，河桥横贯平壤，撤退时正好遇到大雨，从羊角岛到城桥发生的火灾稍稍消减了一些）。却说立见少将率领的朔宁支队十五日零时从国主岘的露营地出发过万马斋渡过合井江到达牡丹台背面、逼近距离敌垒三百米处一个敌军所不知的开阔地。在此处列队布阵，过一会便开始进攻。敌军左右两堡竭力应战，我军分为三队，一队为山口少佐率领的右翼，一队为富田少佐带领的中坚力量，一队是立见少将亲自带领的左翼，更进一步分出桂大尉带领的左进，冲入第一垒的炮兵第二中队以野战炮施放的榴霰弹爆炸横飞帮助富田少佐的进攻，遂突击攻陷第三垒。

元山朔宁两支队汇合，从三面同时向牡丹台逼近。仰赖加特林机关炮废物利用，用两发榴弹把堡垒炸得粉碎。山口少佐命令士兵攻占牡丹台的外城。富田少佐随后也突击进入玄武门。敌军也突入阵中以泥土塞门死守，富田少佐三进三退。炮兵队见此情景调转炮口向着玄武门城楼弹如雨下，瓦片飞落，堡垒顷刻间落败，其中有一名勇士跳墙进入城内打开大门，引导我军趁势向平壤城郭推进（为了防备敌人的死战，下午两点下达了暂时集结休战的命令）。

野津中将十四日凌晨从新兴洞出发向平壤行进，十五日到达朝山川洞，距离平壤一里余路。从各方面看战斗都达到了白热化，硝烟遮天、炮声动地，平壤周围俨然大修罗场。中将排兵列炮逼近敌垒，占领某高地。朝雾转晴，可以鲜明地看到平壤内外，突然一队敌骑踏波而来，迫近我方。两军的目光都落在骑兵领队身上，从早上到现在持续的炮声突然安静了，只有敌军没调的号声频频入耳。年少刚毅的骑兵大约一百七十余骑，骑着白马整齐地向炮兵排列阵地的山脉和某高地间突击。二十二联队的中队转向后方一起射击，数十骑骑兵扑倒，剩下的骑兵仍旧前进。恰在此时，我方十二联队或中队正在护送队旗，与骑兵发生冲突，又一次对骑兵射击，敌军的残骑更少了，没有倒下的敌军仍瞄准两山凹陷处的小路突进。彼时骑兵在山中树荫下伫立喘息，我骑兵见此策马前往那十八骑骑兵所在处，于马上刺杀之。没有受伤的骑兵仍试图突击，我方士兵沉着射去，我方士兵的增加与敌军一骑未归实在令人感慨。

日军占领平壤以后，画家久保田在图3-30[①] 描画了被战火摧毁的平壤建筑、战死战伤的清军，以及被遗弃的清军军旗等。

图 3-30　日军攻占平壤

图 3-31[②]　清将左宝贵战死

如上所述，画家久保田来到异域朝鲜之后，最初依据其画家艺术素养而较为关注异域朝鲜山水，试图以一种日本山水画的方式进行描画其所见所闻的政治事件，但随着大鸟公使以及日军占领朝鲜王宫逼迫朝鲜进行"内政改革"开始，以及随后日清直接在朝鲜开战，导致画家久保田改变其山水画艺术素养式的画面呈现方式，画家久保田为了实现日本国的战争这一中心政治叙事目的，有意选择部分所见所闻战斗场景或者直接将想象元素呈现在画面之中。这使得其所呈现的战斗场景缺乏真实性，虽有伤亡

---

① 久保田米僊, 久保田米斎. 日清戦闘画報：第四篇 [M]. 東京：大倉書店, 1894：四之三.
② 久保田米僊, 久保田米斎. 日清戦闘画報：第四篇 [M]. 東京：大倉書店, 1894：四之五.

但没有流血，且与大量朝鲜士兵、清兵战死相对应的是很少有日军战死战伤画面出现，即便出现也是以"英雄"式"慷慨赴"死予以呈现，而不是真实而平等地呈现战争给交战双方士兵带来的惨痛和伤亡。并且为了进一步强化日本国的战争这一政治叙事目的，从《日清战斗画报》第三篇开始将关注的人物层次由具体的交战士兵向双方的高级指挥官层面上提升，与之同样发生变化的是画家久保田关于其画作以及对这场战争的战争认知和战争审美的变化。

图 3-32① 日军师团司令部审问清军战俘

图 3-33② 红十字野战医院

---

① 久保田米僊，久保田米斋. 日清戦闘画報：第四篇 [M]. 東京：大倉書店，1894：四之六.
② 久保田米僊，久保田米斋. 日清戦闘画報：第四篇 [M]. 東京：大倉書店，1894：四之七.

在《日清战斗画报》第一篇中，久保田米僊为自己画作作序。

今人之描绘古事，如雾里看花，不无隔靴搔痒之感。古人之所用，如衣冠器物类，皆物换星移，佚于变迁。若能模画当年之状况，则于后世之人大有裨益。然数百年之时光飞逝，虽有孜孜探究者，亦不能毫无差异。与其描绘多谬之古事，不若描绘历历在目之今事。其效更易得耳。

信实之画师，贡献人手一叠，□□□□盖知衣冠而明风气，□□□□□□□□□

余先时为《国民新报》之通信员，得以航于朝鲜，亲眼目睹京城之变、成欢之战。归来，友人询问当时之状况者甚多。余不堪一一回答之烦，然欲使世人皆知当时之情状，于是绘美图，以供江湖之游览，庶几世人能窥其一斑，不为过眼之云烟。遂冒枪林弹雨，往来写生，更加以精描细绘。然此性陋粗笨之举，不免为世人讥为画虎类豹，若能为后世修史者助一臂之力，则大幸也。然于整理画稿期间，偶另有任务，不能专事绘画，且书肆主人之督促日紧，遂使舍弟重□绘其二三幅，如龙山野营、大鸟公使如阙、战利品搬运、日本兵守护王城诸门以及龙山凯旋诸图皆此类也。①

在自序中，将其第一篇所作的画视为"精描细绘"，其目的是"若能为后世修史者助一臂之力，则大幸也"，也就是说此时的久保田还坚守其画家的本分。

《日清战斗画报》第三篇自序中写到：

一轮秋月高悬夜空之中，然观者之心情却各不相同。深闺之中，思夫之良妇，见此情景，定然红泪阑干。芦花浅水之畔，咏诗之高士，见此情景，定然意气清爽。无心而有意，其所思之处，各异也。绘画之于世人，

---

① 久保田米僊，久保田米斋. 日清戦闘画报：第一篇 [M]. 東京：大倉書店，1894：自序.

抑或与此相类似耶。

或曰绘画于世教有所裨益，乃启发人心之具；或曰不过百无一用之玩物。甲论而乙驳；丙难而丁辩。纷纷扰扰，不知其归处也。呜呼，绘画之价值终未定乎。然此吾人自信之所在也。敢于听取世间之评价，而后乃知绘画之真价值也。吾人唯欲听闻其品质也。

如今日清之战端开启以来，我军未尝一败，所向睥睨，如入无人之境。纵观世界历史亦属罕见，岂非千古流传之一大快事耶！

古人曰投笔从戎，予则提笔以从皇师，目睹此世界无比之战，欢欣鼓舞之余，不揣笔墨之浅陋，仓促执笔，描绘余之所亲见，遂成渺少之一册。于世教虽不能广有裨益，若能稍稍唤起同仇敌忾之心，则大幸也。若仍被视为无用之玩物，亦无所忧也。余自战地归来，日夜忙促，无有静心挥毫之暇，遂使豚儿米斋多为代笔，有负大方诸君之处甚多。而自次篇起，余自当多有所绘，以酬诸君，亦敬请谅之。

明治甲午年十一月二十四日

旅顺之战捷报到来之日于司马桥居所南窗下识。①

与第一篇的自序不同，在第三篇的自序中，画家久保田进一步明确其从军作画的目的所在，即其从军所作之画是出于如下目的，"于世教虽不能广有裨益，若能稍稍唤起同仇敌忾之心，则大幸也"。最初画家久保田坚持其画家身份，并在画作中尽力呈现其艺术素养和审美，但这篇自序开始将自身转为"唤起同仇敌忾之心"的战争宣传角色，这意味着画家久保田自己主动将画家的主体性予以弱化，或者说这层意义上的画家久保田与其他支持和参与日本国战争的"自觉"国民一样，"自觉"地开始赞美战争以及对战争进行审美。经历这种转变后，画家久保田所作之画自然也不再是为呈现艺术素养和审美而作，而是为了凸显日本国的战争这一政治叙

① 久保田米僊，久保田米斋．日清戦闘画報：第二篇 [M]．東京：大倉書店，1894：自序．

事目的，将自己的画作作为宣传工具，并通过想象等方式构思画面内容以此直接将相应的战争认知与战争审美传递给日本民众。

战争期间画家久保田在《日清战斗画报》第五篇的序言中写道，"米僊氏尝为余语云，豚尾奴伏尸，皆辫毛弛放，短发被头，验未殊者，莫不亦然。今观其画如其言，是等消息，唯经亲睹者，可能知而能写，暗中探索推骨图象者，安得与之哉。"① 在以往各篇的画作中，一直致力于通过战斗画面传递战争认知和战争审美的画家久保田在这篇朋友的作序中，直接告诉友人其将清军称为"豚尾奴"，这个对清国的歧视性称呼在战争期间一直在日本社会流传。尤其是下文中创作锦绘的画师们几乎都带有这种"豚尾奴"式对清国的歧视性情绪。

作为知名日本画家的久保田就这样在战争认知与战争审美上与从没到过战场只凭想象创作的锦绘画师们一样呈现出无视战争给交战双方士兵带来伤亡和惨痛、无视战争的掠夺目的，出于支持日本国的战争这一政治叙事目的而"自觉"赞美战争以及歧视清国。

---

① 久保田米僊，久保田米斎．日清戦闘画报：第二篇 [M]．東京：大倉書店，1894：自序．

第四章

想象与失真：民间锦绘的战争审美

　　与战争期间日本各新闻社所进行的报道与评论、久保田父子作为随军画家所绘制的战争画作不同，甲午战争期间日本民间流行的锦绘并非以呈现战争的真实为目标。进行锦绘创作的画师并没有像各新闻社特派员和画家久保田父子一样能够亲临战场、耳闻目睹战争的真实样态，锦绘画师们对战争的了解多来自各种新闻报道。但这并不妨碍这些锦绘画师成为有关战争认知与战争审美的创作主体。因为锦绘画师没有直接感知战争的可能，所以与画家久保田的画作呈现出的真实感不同，锦绘画师们往往将自身的情感好恶渗透进锦绘画作中，锦绘画师们的画作可以让观赏者们直接感受到锦绘画师的情感好恶。锦绘画师这种以自身情感好恶主导创作的行为会导致真实与想象的边界模糊不清，情感渗透以及呈现的意向带有夸张和失真的特征。从整体上来看，民间锦绘画师虽然在个体上各自绘画技法以及能力各有不同，但几乎都选择夸张、失真以及虚构的创作呈现方式，导致甲午战争期间其他艺术形式都不能与锦绘这种风格相比。锦绘画作在日本民间大为流行，大大激发出观赏者的情感好恶，由此塑造了日本国民的战争审美。

　　锦绘塑造出来的日本国民战争审美，不光使得日本国民从中获得丰富的愉悦感，"自觉赞美"日本国发动的战争。还通过丑化清国各种象征由此激发出日本国民的嘲讽情感，这可视为战争审丑的表现。锦绘画作所呈现出来的战争审美和审丑共同配合消解了人性中对杀戮暴力和恐怖本能的抗拒和抵触，包含战争审丑在内的战争审美反而会造成一种对杀戮的狂欢式娱乐，在观赏者的内心中形成杀戮上瘾式观赏体验。锦绘所塑造的日本民间战争审美使得不论是基于完整事实去呈现战争，还是以理性去审视战争都变得极为困难。

第一节 日本民间锦绘的流行

一、锦绘新闻

锦绘是日本独特艺术形式浮世绘的一种，产生于江户时代中期，其中作为木版画的锦绘被视为浮世绘的最高形态。明治维新以后，锦绘开始遭到西洋画以及近代印刷术的冲击，传统上锦绘的构图是以平面画的形式进行，明治维新以后西方透视绘法开始被锦绘画师所接受，另外也开始讲究光影变化，其中画师小林清亲为此创造出了一种光线画法。因此传统的锦绘仍得到近代日本民众的欢迎，锦绘的画师也较有社会知名度。1874年9月28日，《新闻杂志》专门介绍日本有名的锦绘画师。"锦绘作为东京名物之一，皆为都鄙所爱玩，惺惺晓斋、大苏芳年、歌河、国几、国周、银光等数人被称为当世丹青妙手，尤其是晓斋之画新奇妙案，声价一时高，或有人寄一首狂诗，以示赏誉。国几国周亦大苏，丹青好评响江湖。新奇别有晓斋画，不动明王开化图"。[①]

随着新闻报道这一近代媒体的出现，传统的锦绘开始改变其以市井风俗为对象的表现内容，开始以公共事件为表现内容，为新闻报道配图，这种文字和锦绘结合的新闻报道被称为"锦绘新闻"。"锦绘新闻"只是新闻媒体考虑当时一般民众无法充分理解文字报道的情况下，希望借用锦绘画面辅助理解新闻报道。最早将锦绘引入新闻报道的是《东京日日新闻》，画师落合芳几等人出于考虑将新闻报道与民众追求的娱乐性联系起来，于1872年2月出版"锦绘新闻"，如图4-1所示。

---

① 锦绘の名手 [N]. 新聞雑誌，1874-09-28.

图 4-1　《东京日日新闻》428 期锦绘新闻

　　《东京日日新闻》推出的"锦绘新闻"获得民众的好评，销量大增。这带动了其他新闻社诸如《邮便报知新闻》《大日本国绘入新闻》《东京锦绘新闻》《假名读新闻》《朝野新闻》《东京各社撰拔新闻》《西京锦绘新闻》《锦画新闻》《大阪锦画新闻》《大阪锦绘新闻》《大阪日日新闻》《诸国日日新闻集》《大阪日日新闻纸》《大阪锦画日日新闻纸》《日日新闻》《新闻图会》《邮便报知新闻锦画》《劝善惩恶锦画新闻》《锦画百事新闻》等的加入。除了依据新闻报道绘制插图以外，还针对当时的重大事件出版专门的"锦绘新闻"，比如西乡隆盛举兵叛乱的西南战争发生后，出版界就迅速发售"锦绘新闻""浪花珍闻"和"鹿儿岛县西南实记"等等。可以说"锦绘新闻"是当时信息传播的重要形式。

　　如图4-1所示，"锦绘新闻"中的锦绘虽然由此成为新闻报道的组成部分，但"锦绘新闻"中的锦绘仍属于浮世绘版画，其依靠色彩鲜艳以及夸张绘法吸引读者的风格并没有改变。而新闻插图理应具备真实性和严肃性，因此"锦绘新闻"不能视为真正的图文新闻，"锦绘新闻"中的锦绘也不能被视为新闻图片。再加上秉承传统的锦绘依旧延续其夸张和想象的传统，尤其是一再出现类似春宫图的私密画面，这招致很多人的反感，甚至有些"锦绘新闻"直接被明治政府管理部门禁止出版。比如1879年一则有关医生强奸的"锦绘新闻"，就被内务省图书局以涉嫌传播淫秽而禁止其发售。[1] 由于大量出现私密私情等内容，"锦绘新闻"最终被以"有害儿童教育以及败坏风俗"而遭到出版取缔。[2] 也由于此时日本民众能够直接阅读新闻报道，因此锦绘失去了作为插画辅助理解的必要性，"锦绘新闻"不再发行。但以社会风俗为表现内容以及以夸张和想象绘法绘制的锦绘仍被大量出版，仍作为世俗文化被日本民众所接受，在日本民间大量流传。

二、甲午战争期间锦绘的流行

甲午战争期间，锦绘以这场战争为主题，出版商和画师及时绘制并大量出版各种战斗画面锦绘，由此受到民众的热烈欢迎，成为民众理解和感受战争的最重要形式。甲午战争期间锦绘的流行不光在民众之间广为传播，一直以来作为民间物件存在的锦绘甚至被日本皇太后赠送给日本天皇，这一事件被新闻加以报道称之为"锦绘天览"，以此宣传君民一心。"皇太后陛下在旅行途中作为消遣向陛下赠送了日清战争锦绘，陛下格外感兴趣，跟侍臣打探松崎是谁，陛下从未像今日这样为日清战争劳心费神，主之心即民之心，民之心即君之心，一视同仁之圣心劣夫亦受鼓舞、坚甲利兵亦受鞭策，大本营受此驱动，广岛受此驱动，北面武士受此驱动、日本国民受驱动，松崎大尉之荣耀亦愈大。"[3]

---

① 仮名読新聞の錦絵付録発売禁止 [N]. 東京曙，1879-03-20.
② 風俗を紊すものありと　錦絵出版厳重取締 [N]. 朝野新聞，1885-11-19.
③ 錦絵＝天覧に入る [N]. 国民新聞，1895-11-20.

甲午战争期间日本民间绘制以及流传的大量锦绘，甚至也被外国人所注意。"最近古代锦绘变得流行起来，特别是像外国人那样只找珍品，去遍各个绘草纸店的情况很多，因此，歌麿、诗宣、一蝶、丰国、国芳、长春、北斋、祐信、清信、丰春等人执笔的人物风俗画再版发行后卖得相当好，据说在出版上位于前位。如上文所述，可以看出即使在遥远的英、美、法、德等国也在学习临摹原本，银座一丁目绘草纸店关口可以买到的广重执笔近江八景内濑田夕照、北斋漫书、女大学书题等图，在法国都有临摹，和原本差距不大，对此不用太惊讶，日本文字看起来稍微困难，绘书方面的文字比较拙劣，令人惊讶的是日清战争的锦绘，近年稀有的、卖得多的、海外输出多的锦绘，还是在关口横滨254号某商会馆主得到的在德国有临摹本的原图——秋香执笔的海洋岛冲日舰大胜图，它的精巧程度不亚于我们，和前面一样日本文字不好看，且因纸质差异，失去了彩色的光泽，令人惋惜。"①

笔者收集并统计这些锦绘的出版商信息如下：松木平吉的大黑屋、松野米次郎的越后屋、清水泰五郎、片田长治郎的文英堂、山本富藏、纲岛龟吉的岛鲜堂、清水泰五郎、长谷川园吉的近江屋、关口政治郎、牧金之助的深川屋、远山春治、井上茂兵卫的伊势屋、井上吉次郎的庭花堂、小森宗次郎、儿玉又七的小田原屋、长谷川常次郎的清水屋、横山良八的松根屋、福田熊次郎的具足屋、辻冈文助的金港堂、佐佐木丰吉的佐佐木屋、犹叶周平、古桥新之助、堤吉兵卫的青盛堂、泷川三代太郎、绫部半次郎、浅贺铁五郎、泽久次郎、秋山武右卫门、水野浅次郎、松成保太郎的须原屋、高桥友三郎、神保芳次郎、佐藤竹吉、竹川清吉、伊藤伊三郎、小川芳三郎、松永作次郎、尾关岩吉、山本与市、竹川利三郎、田村为吉、武川清吉、坂井金三郎、森本顺三郎、田村为吉、大仓半兵卫、薮崎芳次郎、吾妻健成、栗生田久治郎、矢泽久吉、小山金次郎等等。这些

---

① 锦画流行で品拂底 [N]. 読売新聞，1896-07-01.

出版者都是书商，而不是上文推出"锦绘新闻"的各个新闻社。甲午战争期间这些数量众多的书商与画师合作出版发售了大量的锦绘。

甲午战争期间锦绘的大量出版和流行，意味着锦绘不再是作为新闻文字报道的辅助，而是以视角符号直接表现甲午战争期间的战争场面，并以此影响日本民众对于战争的审美。以下以大英图书馆收藏的关于甲午战争日本出版的166件锦绘为研究对象[①]，探究这些民间锦绘所呈现出的日本战争审美。以下按照出版顺序对其整理编号如下：

甲午战争期间日本民间出版锦绘

名称	绘画者	绘画时间
牙山清兵败退之图	真斋年季	1894 年 8 月
日清陆军大战之图	春斋年昌	1894 年 8 月
于成欢日清激战我军大胜图	小林清亲	1894 年 8 月
朝鲜丰岛海战之图	小林清亲	1894 年 8 月
安城渡激战勇猛松崎大尉	水野年方	1894 年 8 月
乘凤凰车天皇从皇宫出发之图	杨洲周延	1894 年 8 月
其七 我军在牙山捕获	（梅堂）小国政	1894 年 8 月
闲话日清战争	杨斋（渡边）延一	1894 年 8 月
朝鲜丰岛海战之图	河锅晓翠	1894 年 8 月
朝鲜电报	无	1894 年 8 月
朝鲜异闻：小战之始末	无	1894 年 8 月
我军大胜俘获凯旋之图	无	1894 年 8 月
事初 发端于朝鲜	安达吟光	1894 年 8 月
成欢大激战之图	小林习古	1894 年 8 月
进攻牙山我军大胜之图	泷川三代太郎	1894 年 8 月

---

① 大英图书馆一共收藏235件中国和日本出版的甲午战争的民间绘画，其中日本出版的锦绘为179件，中国出版的画作为56件，但这些画作在统计上有一些重复，实际数量并没有235件。随后大英图书馆与日本亚洲历史资料中心共同在网络上公开展出这些资料。网址为 https://www.jacar.go.jp/jacarbl-fsjwar-j/gallery/gallery001.html，下文中所引用的各个锦绘画作，如无特别说明，都来源于上述网址。

名称	绘画者	绘画时间
平壤日军夺取军旗图	梅堂小国政	1894 年
攻陷朝鲜平壤城我军获得大胜利	（梅堂）小国政	1894 年
神国荣誉奇谈	（梅堂）小国政	1894 年
平壤大战日本军队大获全胜之图	（梅堂）小国政	1894 年
日清海战大孤山激战大日本海军大胜之图	（梅堂）小国政	1894 年
听闻日军占领旅顺口李鸿章惊叹之图	梅琳	1894 年
九连城夜战之图	梅琳	1894 年
朝鲜牙山日清开战日本大胜之图	歌川国虎	1894 年
占领海洋岛海战之图	尾形月耕	1894 年
日本舰队炮击大连湾之图	小林清亲	1894 年
攻陷金州城之图	小林清亲	1894 年
进攻平壤使用探照电灯之图	小林清亲	1894 年
日本魂：军号兵白神在安城渡重伤临死之际吹军号之图	大仓耕涛	1894 年
斥候骑兵军曹川崎伊势雄8月3日夜单身泅渡大同江侦察敌情乘敌船悠然回军营之图	水野年方	1894 年
平壤激战进攻玄武门之原田重吉	水野年方	1894 年
大迫元山支队与满洲白马队鏖战之图	久保田米僊	1894 年
大岛混成旅团进攻桥头堡之图	久保田米僊	1894 年
旅顺口附近激战	安达吟光	1894 年
第二军旅顺口进攻图	无	1894 年
天皇抵达广岛之图	杨斋（渡边）延一	1894 年
远望奉天府露营日军之图	田口米作	1894 年
日军斥候骑兵侦察敌情之图	南陵（四代目鸟居清忠）	1894 年
日清战争日军在大孤山海战获胜之图	尾形月耕	1894 年
攻陷旅顺口之图	尾形月耕	1894 年
日清战争日军平壤大捷之图	尾形月耕	1894 年

续表

名称	绘画者	绘画时间
奉天府城外日军官兵奋战之图	月冈耕渔	1894 年
日军进攻平壤之图	大仓耕涛	1894 年
日清战争进攻金州城之图	大仓耕涛	1894 年
海洋岛大海战大日本大胜之图	蜗堂	1894 年
日本军舰进攻威海卫之图	无	1894 年 7 月
日清激战成欢日军大胜之图	小林清亲	1894 年 8 月
日本帝国海军大胜	杨斋（渡边）延一	1894 年 8 月
清军狙击日军官兵之图	杨斋（渡边）延一	1894 年 8 月
日清军舰激战之图	春斋年昌	1894 年 8 月
日清海战之图	春斋年昌	1894 年 8
日清韩谈判之图	杨斋（渡边）延一	1894 年 8 月
日清平壤大战	无	1894 年 8 月
大日本帝国万万岁进攻成欢日军大胜之图	水野年方	
海军军官商讨进攻清国战略之图	水野年方	1894 年 9 月
日军陆军渡过大同江攻击清军大本营	春斋年昌	
进军牙山日清两军激战成欢	秋香	1894 年 9 月
平壤大胜利之图	杨斋（渡边）延一	1894 年 9 月
旅顺口激战之图	杨斋（渡边）延一	1894 年 9 月
大孤山海战日军大胜之图	国活	1894 年 9 月
日军之勇武夺取平壤之城	不厌庵经哉	1894 年 9 月
成欢日军大胜之图	歌川国虎（虎）	1894 年 9 月
平壤激战日军官兵奋战之图	泷川三代太郎	1894 年 9 月
大日本大胜纵览战胜品之图	（梅堂）小国政	1894 年 9 月
朴泳孝归韩朝鲜改革之图	无	1894 年 9 月
旅顺口附近日军斥候进攻之图	（梅堂）小国政	1894 年 9 月
大元帅陛下新桥出发图	杨斋（渡边）延一	1894 年 9 月

续表

名称	绘画者	绘画时间
夜战平壤日军大胜	年光	1894 年 9 月
日清韩显贵肖像图	春斋年昌	1894 年 9 月
海洋岛附近日军军舰开炮图	水野年方	1894 年 9 月
大元帅毕业御驾亲征乘车前往广岛之图	泷川三代太郎	1894 年 9 月
进攻平壤日军摧毁敌垒	水野年方	1894 年 9 月
日军袭击平壤清军之图	安达吟光	1894 年 9 月
牙山激战进攻安成渡之图	小林清亲	1894 年 9 月
日清大战平壤之图	右田年英	1894 年 9 月
日军大胜占领旅顺口	杨斋（渡边）延一	1894 年 10 月
进攻凤凰城之图	杨斋（渡边）延一	1894 年 10 月
日军攻陷平壤之图	进斋年光	1894 年 10 月
大孤山海洋岛日军击沉清军军舰	进斋年光	1894 年 10 月
西京丸黄海大胜	长谷川竹叶（翠轩）	1894 年 10 月
日军袭击平壤清军兵营	小林清亲	1894 年 10 月
不畏弹雨只身打开玄武门	小林清亲	1894 年 10 月
九连城大战之图	（梅堂）小国政	1894 年 10 月
激战平壤四面进攻图	扬洲延保	1894 年 10 月
大日本大胜九连城陷落之图	（扬斋）延重	1894 年 10 月
日军黄海大胜 第一图	小林清亲	1894 年 10 月
进攻九连城之图	舁月	1894 年 10 月
日军黄海大胜 第四图	小林清亲	1894 年 10 月
平壤大胜日军俘虏清军军官之图	右田年英	1894 年 10 月
斩首暴虐清兵之图	楳堂小国政（五代目歌川国政）	1894 年 10 月
首先登上平壤玄武门之图	田口米作	1894 年 10 月
清军军舰	（梅堂）小国政	1894 年 10 月

续表

名称	绘画者	绘画时间
激战平壤日军大胜之图	小林清亲	1894 年 10 月
日本帝国赤城舰长坂本奋战	水野年方	1894 年 10 月
日军渡过鸭绿江	杨斋（渡边）延一	1894 年 10 月
川崎军曹只身渡过鸭绿江	无	1894 年 10 月
海洋岛西京湾奋战之图	小林清亲	1894 年 10 月
日军占领九连城	薮崎芳次郎	1894 年 10 月
明治廿七年九月十五日夜 四面进攻平壤占领平壤图	无	1894 年 10 月
日本万岁：平壤之凯歌	小林清亲	1894 年 10 月
日军大举进攻夺取平壤城之图	安达吟光	1894 年 10 月
奉天府城外激战图	右田年英	1894 年 11 月
黄海海战日军士兵临死之际询问敌舰存否	小林清亲	1894 年 11 月
大孤山海战之图 日本海军胜利清国海军战败	杨斋（渡边）延一	1894 年 11 月
日军骑兵土城子侦查旅顺炮台之图	杨斋（渡边）延一	1894 年 11 月
总攻凤凰城之图	藤冈隆章	1894 年 11 月
旅顺口附近激战之图	尾形月耕（1859–1920 年）	1894 年 11 月
日本魂：儿童的斗争	（梅堂）小国政	1894 年 11 月
儿童游戏之争	（梅堂）小国政	1894 年 11 月
日军大胜占领九连城	杨斋（渡边）延一	1894 年 11 月
原田重吉勇敢攀登玄武门城墙打败敌军	永年	1894 年 11 月
凤凰城日军官兵奋战之图	尾形月耕（1859–1920 年）	1894 年 11 月
日军斥候刺探奉天府敌军阵地	杨斋（渡边）延一	1894 年 11 月
进攻旅顺图	峰英	1894 年 11 月
东京上野举办庆祝战胜大会之	（梅堂）小国政	1894 年 11 月
月下进攻旅顺口	篠原清兴	1894 年 11 月
第二军激战旅顺口大胜之图	年光	1894 年 11 月

续表

名称	绘画者	绘画时间
攻陷平壤之图	尾形月耕	1894 年 11 月
占领凤凰城设大日本帝民政厅	辻本仁兵卫	1894 年 11 月
九连城畔嗳河激战之图	右田年英	1894 年 11 月
攻陷凤凰城清军败退之图	水野年方	1894 年 11 月
旅顺金州之战	小林清亲	1894 年 11 月
第二军进攻旅顺口	小林清亲	1894 年 12 月
第二军进攻旅顺山路中将勇武之图	杨斋（渡边）延一	1894 年 12 月
露营旅顺山间日军官兵遥拜日光之图	尾形月耕	1894 年 12 月
日本魂：白神喇叭兵安成渡重伤而死	大仓耕涛	1894 年 12 月
军人名誉：原田重吉	安达吟光	1894 年 12 月
军人名誉：桦山中将	安达吟光	1894 年 12 月
川崎伊势雄大同江夺取敌船之图	大仓耕涛	1894 年 12 月
日本名誉谈判：大鸟公使赴韩国	尾形月耕	1894 年 12 月
日本魂：竹内大尉与东学党奋战之图	大仓耕涛	1894 年 12 月
日本魂：松岛舰水兵拼死保护火药库之图	大仓耕涛	1894 年 12 月
丰岛之海战	尾形月耕	1894 年 12 月
三将之谈话：名将会谈	尾形月耕	1894 年 12 月
日本魂：武田中佐弹雨下吸烟	大仓耕涛	1894 年 12 月
日本万岁百选百笑：临阵退怯大将的泪别	小林清亲	1894 年 12 月
日本万岁百选百笑：急报急报	小林清亲	1894 年 12 月
日本万岁百选百笑：小木偶	小林清亲	1894 年 12 月
日本万岁百选百笑：猪的困惑	小林清亲	1894 年 12 月
日本万岁百选百笑：龙宫骚动	小林清亲	1894 年 12 月
日本万岁百选百笑：奉天府的包袱	小林清亲	1894 年 12 月
日本万岁百选百笑：日本兵的一拧	小林清亲	1894 年 12 月
日本万岁百选百笑：战利鸟	小林清亲	1894 年 12 月

续表

名称	绘画者	绘画时间
第二军攻击清国旅顺口	进斋年光	1894 年 12 月
我军攻击旅顺口附近之图	（梅堂）小国政	1894 年 12 月
第二军旅顺口大战	（梅堂）小国政	1894 年 12 月
斋藤少佐关爱战俘，战俘因此据实相告	田口米作	1894 年 12 月
第一军之侦察摩天岭之图	田口米作	1894 年 12 月
我第二军在牛庄附近大战之图	杨斋（渡边）延一	1895 年
牛莊城附近之图	清斋宣亲	1895 年
金州大和尚山斥候奋战之图	幽斋年章	1895 年 1 月
今景季	水野年方	1895 年 1 月
陆海军名人图：陆军中将山地元治君	小林清亲	1895 年 1 月
陆海军名人图：工兵小野口德治	小林清亲	1895 年 1 月
陆海军名人图：浅川大尉	二等骑兵木村源松小林清亲	1895 年 1 月
上等兵小野口德重攻占金州城之图	（梅堂）小国政	1895 年 1 月
占领奉天府之图	（梅堂）小国政	1895 年 1 月
神国灵鹰报喜兆	（梅堂）小国政	1895 年 1 月
冒着大雪我军官单身侦察敌阵地	田口米作	
牛庄附近大战之图	辰斋年秀	1895 年 1 月
第一军雪中攻占奉天府	杨斋（渡边）延一	1895 年 1 月
金州大和尚山斥候奋战之图	幽斋年章	1895 年 1 月
我军占领荣成湾登陆之图	小林清亲	1895 年 1 月
第二军占领金州城之图	田口米作	1895 年 1 月
占领旅顺口之图	田口米作	1895 年 1 月
占领金州城永安门	上等兵小野口德治小林清亲	1895 年 2 月

第二节 民间锦绘的战争审美

一、鲜艳与绚丽的色彩

传统锦绘在色彩选择上一直以鲜艳和绚丽见长，甲午战争期间日本的锦绘也是如此，几乎在每个画面中都尽可能使用鲜艳和绚丽的色彩，尤其是频繁地使用红色。比如图4-2于成欢日清激战我军大胜之图，该图出版时间为1894年8月，此时日清刚刚正式宣战。

图 4-2 于成欢日清激战我军大胜之图

在该图中极为明显地使用了大量红色，如红色的士兵背包、红色的军官马鞍、红色的清军士兵衣服下摆。这种使用鲜艳和绚丽颜色的风格一直持续到战争末期。图4-3为1895年1月出版的锦绘，该图名称为金州大和尚山斥候奋战之图，仍旧大量使用红色，辅之以蓝色和黄色。本书所引用锦绘均为彩色图画，读者如感兴趣可去上文网址查看。

图 4-3　金州大和尚山斥候奋战之图

　　即便对于发生在夜间的战斗场面，锦绘也仍旧保持其鲜艳和绚丽的着色风格。比如图 4-4 九连城夜战之图，该画面虽然描绘的是夜战，浓重的夜色虽然遮掩住了士兵的身影，但日军战马的橙色以及枪炮发射的橙黄色却使得画面仍旧显得鲜艳和绚丽，尤其是为了突出日军战胜，而有意通过蓝色将战死战伤的清军凸显出来。

图 4-4　九连城夜战之图

同样用彩色表现夜战场面的还有图4-5日军袭击平壤清军兵营，只用简单的枪炮射击的颜色就使得画面鲜艳和绚丽。

图4-5　日军袭击平壤清军兵营

选择鲜艳和绚丽的色彩一直是锦绘的传统，即便是用来表现战斗的画面，也坚持其鲜艳和绚丽的风格。虽然战场上交战的双方衣着服饰兵器马匹都会有各种色彩，但从军事角度而言，战场上的各种颜色都不会达到这般鲜艳和绚丽的程度。因此这种鲜艳和绚丽的表现方式并不符合战争的真实情况，这是画师们的主观夸张。

就效果而言，人类情感与颜色有着密切的关联，其中鲜艳和绚丽的绘画表现方式无疑会使得观赏者产生喜庆式愉悦，即便在表现战斗场面上也是如此。观赏者首先就会被这种鲜艳和绚丽色彩所吸引，并开始带着"喜庆式"愉悦情感去欣赏画作中的其他内容。画师们除了主动选择用鲜艳和绚丽色彩表现战争以外，为了维持鲜艳和绚丽色彩给观赏者带来的愉悦情感，画师们还回避战争中的真实色彩。与战斗中其他衣着服饰兵器马匹所呈现出的色彩相比，战斗中最具代表性的鲜艳颜色确实应该是红色，但红色是来自日清双方战死战伤士兵的鲜血。与画家久保田父子表现的一样，锦绘画师们虽然在画作内容中有对战死战伤士兵样态进行描绘，但都是以不流血、无伤式地描绘方式予以呈现。这显然是一种有违常理的失真。但这种失真却是锦绘画师们的共同倾向，即不用士兵的流血和伤口所产生的真实红色去冲击画师们主观夸张渗透进战斗画面中的喜庆式鲜艳和绚丽，虽然画面失真但却可以维持鲜艳和绚丽色彩所激发出的观赏者的愉悦感。

二、日本国象征：日章旗旭日旗

亲临战场较为真实描绘战争场面的久保田父子，最初在画中很少出现日本国的象征——日章旗和旭日旗，但这些完全没有战场经历的锦绘画师们，在构思锦绘上，几乎都选择把日本国的象征以夸张和醒目的形式放到锦绘之中，这也是一种锦绘画师有意使用的夸张与失真。但醒目出现在画面中的日本象征，对画面中各种细节有着明确的指引性，即画中各种各样关于战斗人物和战斗细节内容都纳入日本国这一主体上，这些日军士兵的奋战、战斗的胜利、攻城略地等都是"义勇奉公"使然，相应地也使得观赏者的战争认知围绕着日本国战争进行。尽管有很多种方法在画面中表现日本国，但锦绘画师几乎都选择在画面中显著地描绘日本军旗旭日旗或者国旗日章旗作为日本国的象征。如图4-6日军第二军在牛庄附近大战之图，画面左侧靠近正中醒目地出现一面日军军旗旭日旗。

图4-6　日军第二军在牛庄附近大战之图

即便画师重点描述的不是日本军旗，但仍然会留出空间显著地描绘出日本军旗。比如，图4-7左下角日军群体本是画师想要重点描述的部分，但仍在左上角标识出一面醒目的旭日旗。

图4-7　日清两军成欢大战之图

在描绘海战场面上，日军军旗是标识日军军舰区别于清国军舰的重要特征，如图4-8大孤山海洋岛日军击沉清军军舰，左上角有一面醒目的军旗。

图4-8　大孤山海洋岛日军击沉清军军舰

当然，也有在一些画面中同时出现日本军旗旭日旗与日本国旗日章旗的情况，比如图4-9日本帝国海军大胜图。

图4-9 日本帝国海军大胜

图4-10显示的画面是黄海海战日军士兵临死之际询问敌舰存否的画面，这幅画中巨大的舰炮居于中央，在无法像以往一样凸显旭日旗的情况下，画师颇有想象力地在右下角用阴影描画出一个太阳光芒四射的样态，以此表现旭日旗，也以此为即将战死的士兵赋予为国战死的意义。

图4-10 黄海海战日军士兵临死之际询问敌舰存否

　　在锦绘画面中，显著标识出日本的旭日旗以及日章旗旗帜，与之对照的是同样明显被描画出的清国清军的旗帜。如图4-11牙山清兵败退之图，此图为了夸张地呈现清兵败走的样态，画面正中绘制了清国的龙旗，远处则是日本海军高高挂着的日章旗。

图4-11　牙山清兵败退之图

　　同样在海战中也出现通过凸显清国国旗以衬托日本胜利的画面。如图4-12大孤山海战之图，日本海军胜利，清国海军战败。此图正中明显绘制了挂着清国国旗的定远号和经远号，而在远处画着明显旭日旗的日本海军军舰以及近处画着正在靠近清国军舰的日本船只，显示日军在海战中占据上风即将取得胜利的场景。

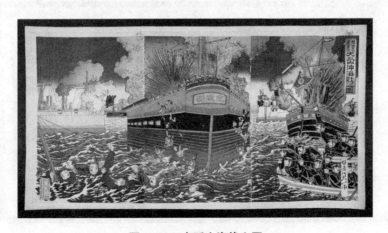

图4-12　大孤山海战之图

三、日军战斗"英雄"与日军群体的"英雄式"战斗

　　锦绘中的人物主角无疑是日本陆海军，由日本陆海军承担日本国的战争，为日本国取得胜利。在画面中画师或者以被新闻媒体报道的某个战斗"英雄"为中心人物，或者以某个日本军官为中心人物，或者是以日本陆军或海军集体进行英雄式战斗为中心，描画日军"义勇奉公"的场景。这种以日军战斗"英雄"或者进行"英雄式"战斗的日军群体为主要人物的表现方式，会使得观赏者对日军产生一种对"英雄式"的"崇敬"情感，这种"英雄式"的崇敬情感不仅寄托在某个军人或者军官上，而且会泛化为对整个日军进行"英雄式"的"崇敬"情感。进一步说，不论是战争期间的日本民众，还是战争结束后的日本民众，去感知和理解这场战争的时候，已经被锦绘强烈激发出的对日军的"英雄式""崇敬"情感，也就相应地扩大为对整个甲午战争的战争认知，而战争中的其他细节和内容或者不为日本民众所知，或者没有激发出日本民众的情感，由此而被无视和遗忘。具体来说，在新闻报道中对日本战斗"英雄"的"义勇奉公"的报道和评论成为日本各新闻社战争报道的主要内容，锦绘画师们也依据这些报道将日军"义勇奉公"的战斗"英雄"绘入锦绘之中。其中，在众多锦绘之中描绘日清两军平壤大战中只身打开玄武门的原田重吉最多。具体如图4-13、4-14、4-15和4-16所示。

图4-13　平壤大战进攻玄武门之原田重吉

图 4-14　军人名誉：原田重吉

图 4-15　原田重吉勇敢攀登玄武门城墙打败敌军

图 4-16　不畏弹雨只身打开玄武门

在对战斗"英雄"的描画上，除了集中刻画新闻报道过的战斗以外，锦绘画师们往往选择日军军官作为描画对象，表现其"英勇奋战"。有些锦绘中会写出日军军官的名字，如图4-17第二军进攻旅顺山路中将勇武之图。以及图4-18专门表现赤城舰长"英勇"作战。

图 4-17　第二军进攻旅顺山路中将勇武之图

图 4-18　赤城舰长英勇作战

不过更多的时候，锦绘是以画中某个军官为中心进行描画其"英雄般"的战斗场景。比如图4-19日清两军成欢大战之图。画中着黑色军装的日军军官成为画面的中心人物，与其他士兵以低姿态进行射击形成鲜明对比的是，这名军官完全采取正面站姿，手握指挥刀进行指挥，与同样采取正面站姿的另一位着白色军装的军官，共同表现日军军官"英勇战斗"的场景。

图 4-19　日清两军成欢大战之图

在图4-20平壤大胜利之图中，为了表现日军军官的"英雄"形象，不惜夸张地采用古代战争中才出现的双方将领马上拼搏的场景，根据近代军事战斗常识，几乎不可能出现双方将领直接比拼武艺的场景。但锦绘画师这一想象的日清双方将领马上比拼武艺的场景，被用来极其强烈地呈现日本军官"英雄无敌"，也会使得观赏者产生对日本军官"英雄无敌"的"崇敬"情感。

图 4-20　平壤大胜利之图

在这种表现方式中，最为夸张的是图4-21激战平壤日军大胜之图。在激战中其他日军士兵纷纷采用卧姿和跪姿进行射击和防护，为了表现画面中日军军官的"英雄"形象，该名日军军官完全采取正面站姿，一副无惧枪林弹雨的"英雄"形象。这种夸张在今天看来完全有违军事常识，但在当时的观赏者看来应该会被画师所描绘的日军军官这种"大无畏"的形象所"折服"。

图 4-21　激战平壤日军大胜之图

除了以个体英雄或者以日军军官为中心的表现日军战斗英雄以外，更多的是以日军集体为中心表现日军进行"英雄式"的战斗。如图4-22海洋岛附近日军军舰开炮图，该图中并没有夸张地表现日军军官的英勇，而是描绘出围绕着军舰舰炮以及日军军官和士兵们一起"努力奋战"的样子。但不论是以个体英雄或者以官兵集体的表达方式，都是为了表现"英雄式"战斗的场面，由此让观赏者产生对日军官兵的"崇敬"情感。

图 4-22　海洋岛附近日军军舰开炮图

四、战胜

从前文对锦绘名称的整理就可以看出，甲午战争期间日本流行的锦绘大多描画日本陆海军对战清军取得胜利的画面。虽然极为具体的战斗场面也有着很多场景值得描绘，但锦绘画师们对战争锦绘的构思近乎一致地描绘日军和日本胜利的场景，以此将日本民众的战争观限定在战胜这个层面上，并以此给予观赏者获得充足的"愉悦感"。

锦绘在表现日军获得战斗胜利上，直接用标题表示，如图4-23成欢日军大胜之图。题目直接写明日军大胜，那么观赏者自然从日军获胜这个角度去欣赏画作中的其他内容。

图 4-23 成欢日军大胜之图

　　或者通过对具体战斗姿态的描述让观赏者感受到并理解日军的获胜。如图 4-24 日清陆军大战之图。该幅画作题目并没有直接写明日军获胜，但在画面正中一个日军军官跃马挥刀，身后日军队列整齐冲锋，队列后面出现一面旭日旗迎风招展，更远处则是正在赶来的第二波日军。相较之下只有少数清军出现在画面中，这几个清军队列混乱，清军士兵或站立不稳跌倒，或受伤跌倒在地。这种画面内容不难让观赏者得出日军即将获胜清军败退的结论。

图 4-24 日清陆军大战之图

其他画师也愿意使用对比日军清军的数量气势以此描绘出日军获胜的场面，如图4-25进攻凤凰城之图。该图画面中同样是日军人多势众气势汹汹、队列整齐，而清军人数较少、队列混乱，很难看出认真战斗的样子，或战死战伤倒地，或溃退败逃。

图 4-25 进攻凤凰城之图

在海战画面上，则直接描画清军军舰中弹的样态，以此凸显日本海军获得胜利。如图4-26日军黄海大胜 第一图。

图 4-26 日军黄海大胜 第一图

绵绘画师小林清亲在图4-27日军黄海大胜 第四图中同样采用这种方法表现日军获得胜利。

图4-27　日军黄海大胜 第四图

第三节　民间锦绘的战争审丑

一、对清国清军的嘲讽

通过画面内容来看，锦绘画师们通过大量使用红色或其他鲜艳绚丽的色彩，表现日军英雄式战斗，日本国战争获得胜利，以此塑造观赏者崇敬式战争认知。在锦绘画师的构图中，为了凸显上述元素构成的赞美日本国战争、赞扬日军英雄奋战的战争审美目的，在同一画面中往往鲜明地呈现出清军战败、溃不成军、逃跑奔命的"丑态"。比如图4-28第二军激战旅顺口大胜之图。该图采用明显的直接对比画法，画中一共出现3名日军，与之对战的4名清军多呈现落败的姿态，或倒地不起或身体被控制，以此绘画出日军作战"英勇"和获得胜利。这其中又是以画面正中的日军军官为中心，该名日军军官虽然左手挽着缰绳但左腋下竟然夹住了清军骑兵刺来的钢叉，右手高举战刀即将杀向身体已经失去控制的清军骑兵。为了进一步突出该名军官的"英勇"，在该名日军军官的马蹄下绘画出一名已经被击倒的清军军官，该名军官顶戴花翎标识其清军武官身份。这幅画面叙事极为明显，一名日军军官击败一名清军军官和一名清军骑兵，尤其是手挽缰绳的左手竟能夹住清军骑兵刺来的钢叉，画师如此夸张地刻画出了日军军官的"英勇"，但这种直接对比日军和清军对战的画面，无疑会让日本观赏者忍不住赞叹和敬佩画中日军军官和士兵的"英勇"。

图 4-28　第二军激战旅顺口大胜之图

　　图4-29为平壤大胜日军俘虏清军军官之图，与以往通过具体战斗画面表现日军获胜场面不同的是，该幅画面表现的是日清平壤战后举行的受降仪式。画中以右侧正坐的日军指挥官为中心，为此特意标识其身份为野津中将，其他军官两旁落座，左上侧日军士兵列队，左下侧清军军官跪地投降，特意用文字"清军之将"标识其身份。值得注意的是，画面中的这几位并非全是军官，其中两位应该是文官，画师重点描绘这两位文官的身姿，以此与另两位武官进行区分，有意指出这两位文官地位高于武官，应该是清军高级指挥官。与清军官员跪地乞降的姿态形成对比的是，日军军官野津中将的身姿"威严"。除此以外，该画师还极为细致地将野津中将的目光绘画的与其身旁的日军军官、左上侧的列队日军士兵目光一样，都居高临下般地聚集于这几位乞降的清军军官身上，

以此表现胜利者俯视战败者之感，也自然会让观赏者的目光汇集到这些日军军官和士兵的身上，且随他们一样俯视蔑视轻视战败者。

图4-29　平壤大胜日军俘虏清军军官之图

图4-30斎藤少佐关爱战俘，该战俘因此据实相告，也是表现战后日军与清军战俘之间的画面，与上图表现日军军官和士兵俯视蔑视清军投降军官不同的是，该画描画的是日军军官"善待"清军战俘。虽然没有直接描画如何"善待"该名清军战俘，但画中受伤清军战俘张口说话，其前面是一幅军事地形图，以此说明该名清军战俘被日军军官斎藤少佐善待而主动告知清军部署秘密。该画师试图通过这种表现方式呈现出日军英勇以外的"仁义"。

图4-30　斎藤少佐关爱战俘

　　在锦绘中多数都是以日军官兵为中心进行描画，但也有一些专门以清军为中心的表现画面，以此特别表现清国战败，清军溃败混乱、战死战伤、缺乏抵抗意志只顾逃跑本命的丑态。比如图4-31牙山清兵败之图；图4-32攻陷旅顺口之图；图4-33大孤山海战之图；图4-34九连城大战之图。

图4-31　牙山清兵败退之图

图4-32　攻陷旅顺口之图

图 4-33　大孤山海战之图

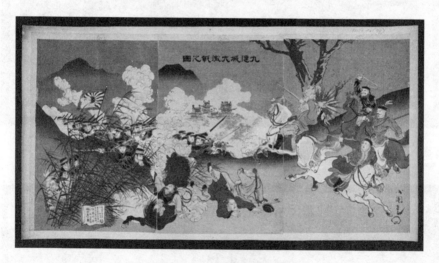

图 4-34　九连城大战之图

二、娱乐式审丑

在众多锦绘中,《百选百笑》系列八幅锦绘最充分体现了对清国清军所进行的娱乐式审丑。这八幅是描绘关于甲午战争系列的讽刺画,带有政治意图。图文中日本作为战争胜利者,对其眼中的清朝和官员用民间俗语进行了极其辛辣的讽刺。

以下讽刺画系列名为《百选百笑》,因在日语中“選(选)”的发音与"戦（战）"同音，而"笑"又与"勝（胜）"同音，一语双关，百选百笑，同时也是百战百胜。同题目一样，文中大量采用一语双关，以及拟声拟态词。通俗易懂，绘声绘色，利于日本民众理解和传播。而在图中，绘师多次采用拟兽化手法，比如将清朝极具代表性的辫子称为"猪尾巴""蜻蜓"则是总在打胜仗的日本等等。以下对这八幅锦绘进行具体介绍：

1. 临阵退怯大将的泪别（日语"大将"与"退将"发音同为"たいしょう"，一语双关）

图 4-35　临阵退怯大将的泪别

参考译文：

媳妇念叨，事儿大了吧，平时不总跟你说嘛，用咱老理儿那话讲，你这活儿就跟喝那带毒的河豚汤似的，你说咱哪怕住猪圈那么大点儿地方，只要咱知足睁一只眼闭一只眼，这一辈子就过去了，不挺好的嘛，可你说你就是一点儿听不进去！

啥？我这深谙《孙子兵法》，还有那孔明的兵法我也是了如指掌。

您这也就是人家不在的时候说说大话吧。

不愧是常年相伴的媳妇儿，深知夫君何强何弱。

特别是那谁都打不过的日本兵，即使是你也难逃归西啊……想到此处，妾身就悲伤不已，呜呜呜……

退将道，话虽这么说，可都到了这个时候也没有办法了，只能是先露个脸儿，反正我也是打算临战前就赶紧溜的，所以你也没必要担心！但是啊，要是想活命，就算早有准备还是得拼命呀，咱那儿那个大黑像也行，为我虔心跟神佛祈祷吧。

妻子道，可那出走的大黑菩萨终归是个驻足的神呀。

退将道，对啊，那就（拜那个跑得挺快的）韦驮天。

2. 急报急报

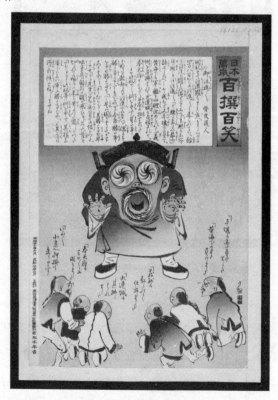

图 4-36　急报急报

参考译文：

常言战时多报。这不，就从四面八方不断传来急报急报。

可这急报也太多了。手不够用这俩眼都转晕了。

急报急报。

哎，别吵吵，安静点儿……

额，原来又在平壤输了。

说什么，在黄海也是四艘军舰都被击沉了。

还被追到义洲。

九连城也被占领了。

奉天府也快成日本的地界儿了……

哎呀，你们这帮人说的都是什么啊。只是汇报输了的战况可不是急报啊。

来，这回说说赢了的事儿。

这，这有点儿难。

喂！

有，有。

对，对，赶紧说说。

那个……首先败给日本兵实在让人不甘心。我方兵弱，肚子都吃不饱，头被砍掉那叫个疼，又痛苦又让人悲伤啊。

喂！喂！喂！你等家伙在说些什么？没让你说这样的事儿，是让你说战胜的事儿！

可，那样的事儿小的实在无从知晓啊！

★注：图中在大将李鸿章的脚下，急报蜂拥而至，都是清军在平城、黄海、义洲、九连城还有奉天府的败战急报。李鸿章大怒，让说说捷报。可探子们非常为难，左思右想的结果是"输了很不甘心，我方兵弱，饥饿难耐，痛苦又悲伤"。其实在原著中，这几个表述都采用了过去式，也就

是"かった"，与大将所说的"勝つた"同音，在这样的同音异语文字游戏中对战败的清军进行了讽刺。

3. 小木偶

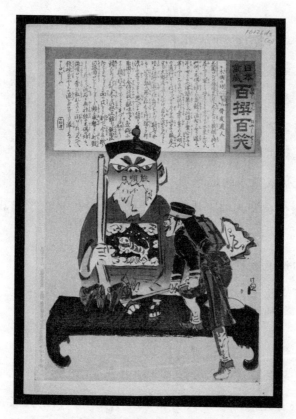

图 4-37　小木偶

参考译文：

花园口呀旅顺口呀，这样的大口有好几个，要说让军队都守住，那是不可能的。

怎么说呢这小木偶，也是过于没脑子，也就是世道上说的废物啊，连个稻草人都不如。

这样放任不管的话，妨碍文明人的通行。哎呀，这儿至今有很多猪尾巴人，刚一瞅见我们，立马就跑没影儿了。

行啊行啊，那就尽情地把这些个东西挨个儿干掉吧。这样想着，但从哪儿开始着手呢，整体上这些家伙明明连脑浆子都没有，却还想支棱个脑袋，那就先从脑袋开始吧。可这家伙不愧是厚脸皮，这皮啊是剥了一层又一层，搁旅顺口这儿给他打得稀巴烂，真不愧是没脑子的木偶人，被夺去旅顺口就闭口了。炮弹那么大的眼泪儿哗哗地流，可惜啊，口没了。

（注："木偶""猪尾巴""东西""废物"等词都是日本对当时清军的讽刺称呼，用以显示自己的"英勇"）

4.猪的困惑

图 4-38 猪的困惑

参考译文：

蜻蜓道，喂！咋样？都被逼到这份儿上了，就算是再怎么跟蛆虫一样的猪痴，多少也会感到疼或痒吧。可不知为啥你还能一副傲慢的嘴脸。要这样的话，煮了吃还是烤了吃可就我说了算。

猪道，那究其根源在我啊。想着尝尝那只鸡饱餐一顿来着。这真是万恶不赦啊。不仅如此，还把在世界上展翅高飞的您错看成不起眼的一只小飞虫，甚至还反抗您啥的。全都是我的错。一定让您很生气，我赔罪，不管是什么都献给您。这回无论如何还请您饶恕，就饶了我这条命吧！

说着这猪头就再次夹着尾巴赔礼道歉。

法国蜂道，我这边你打算怎么办？

俄国蜂道，我这边呢？

英国蜂道，我这边呢？

再不快点做个了结，就拿这剑刺死你了啊！

猪哭丧着脸被四面八方地围攻，又是俄国英国还有法国的，苦不堪言。

★注：在此画出版的12月份，日军已经占领了辽东半岛的旅顺和大连。趁着战后清朝虚弱，俄国租借了旅顺和大连，英国租借了九龙半岛和威海卫，法国租借了广州湾。所以在图中，三只蜜蜂也就是欧洲列强俄法英，对梳着长辫的清朝穷追不舍，而持续获胜的蜻蜓日本姿态高昂。

5. 龙宫骚动

参考译文：

咚。嘎吱嘎吱嘎吱嘎吱。哐当哐当哐当哐当。

随着一声巨响，突然有个锚落了下来，又或是军舰的底儿给沉了下来。

这要是一艘也行，一天中四艘、五艘咚咚地都沉下来。

龙宫里大家都被吓破了胆儿。

这是船舻啊，真是不寻常，莫名其妙。

啊，阿舨阿舨（此处船的发音和日语中危险的发音相同，一语双关。）
都什么时候了还开这种猜谜玩笑，这一回回地够让人胆战心惊的了。

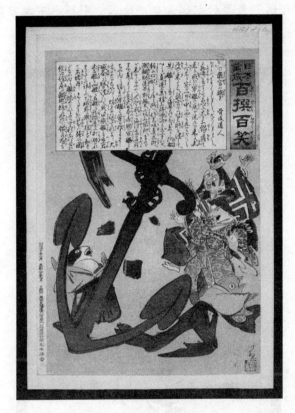

图 4-39　龙宫骚动

生鱼片金枪鱼君，咸鲷鱼，鳕鱼子，小鱼窝斑鲦，跑了好几趟来说
啊，刚才我们呀到那海岛近处那么一看呐，大日本帝国的军舰和小辫儿娃
娃的军舰开仗了。哎呀呀，只见那梳小辫儿的被打得落花流水，而号称铁
甲舰的无敌舰船接连四五艘都被打得粉碎。

龙女君渐渐了解了实情也放下心来，说道：哎呀呀，是这样啊，日本
是个强大的国家。那梳辫儿的军舰被击沉也就合情合理了。

旁边儿的侍从小鲷鱼愁眉苦脸道，话虽这么说可这锚（此处锚发音为
"いかり"，同"怒り"即愤怒）……

★注：在本图中，描绘了黄海海战中，日本击沉的清朝军舰"超勇""致远""经远"号等的船锚和船底坠落，引得水下龙宫骚乱的场景。

6. 奉天府的包袱

图 4-40　奉天府的包袱

参考译文：

官吏道，哎呀担夫，慢吞吞地干什么呢，快点儿搬运这些行李啊，如此没有骨气的事儿啊，就现在日本还穷追不舍呢啊，要是连这些重要的宝物都被夺走的话该怎么办啊呐。

急报，禀告，日本兵到了九连城了！

官吏道，说什么？都到了九连城了啊？

急报，禀告，众多日本兵已涌入凤凰城！

　　官吏道，这可不得了啊……哎呀，说什么都涌进凤凰城了啊……那这马上到奉天就是板上钉钉的事儿了啊……这都什么时候了还慢吞吞的，看本爷，把后背弯下去背上，脑袋上边儿顶着，胳肢窝这儿也夹着，辫子放下来还能拴两三样儿……嘿呦嘿呦……你们也赶紧地跟上本爷，别把方向整错咯，按本爷说的那样往北京运呐！

　　担夫道，要是北京的话且不说这定金，实在是担不了啊，是吧，伙计。

　　同伴道，是啊，我这担子被压得厉害都快折了。

　　7. 日本兵的一拧

图 4-41　日本兵的一拧

参考译文：

日本兵说道，喂，怎么样啊小孩儿。我可是大日本帝国的开锁大师哦。跟你们这群把猪尾巴翘到天窗上糊涂虫变成的妖怪呀可有着天壤之别。所以不管你们这些家伙有再怎么固执地固有结实的岩石锁而自以为是啊，就我这手艺，即使是拜托我开那金锁铁壁也是照样儿一拧就开了。看着啊，什么九连锁呀凤凰锁就吃早饭前的功夫儿，咚一下子我就能给它打开。

梳小辫儿的清朝小孩儿说道，开什么"玩笑锁"，下手这么狠，岂不是连一天也守不住这城池了……呃……锁都开到这般程度了还请您开个"锁件（条件）"吧。

日本兵道，可没那么简单。既然我这开锁的胳膊跟手艺都"利锁"到这儿了，"锁性"从奉天府到这北京的门锁都拧断了。不管怎么样，有再多道不出的委屈，也得按照我们要求的"锁约"（条约），否则无法饶恕。

梳小辫儿的清朝小孩儿道，既然是这样的"锁价"那也没有办法了。只要能饶了性命，不管是北京的还是任何地方的"锁性"都呈献给您。

★注：在本文中，原作者大量采用了一语双关的手法，用"锁"字替换了与其发音（即"じょう"）相同的汉字，比如"锁件＝条件""锁约＝条约"等。因此翻译时，译者力求最大程度上遵循原著手法，在汉语中搜寻类似词汇，若有不通顺之处请参考括号内译文。

8.战利鸟

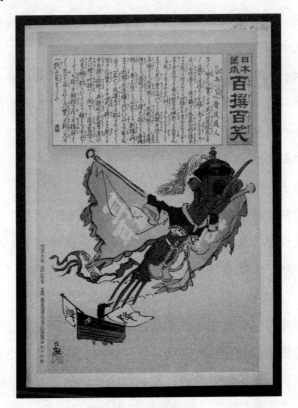

图 4-42 战利鸟

参考译文：

来来，诸位瞧一瞧看一看了啊！

那可是这次从猪尾巴细溜溜的国家不费吹灰之力就生擒活捉来的战利鸟。这"锦鸡鸟"（同"金桂香"）是打那唐朝来的鸡。

可像这样缩手缩脚没骨气的城中之物"分鸟"啊诸位就不知道了。

说起来啊这"分鸟"啊它还的确是"分鸟"。

首先在丰岛冲捕获，在成欢牙山捕获，在平壤捕获，在九连城捕获，在凤凰城捕获，在大连湾捕获，在旅顺口捕获，在摩天岭捕获，在辽阳城捕获，在奉天府捕获，在北京捕获。（因分别在多处捕获，而将这只想象出来合成的鸟称为了"分鸟（ぶんどり）"，音同"分捕（ぶんどり）"，意为战利品，故又译为"战利鸟"。）

如此这般，我国武运强大，只要进攻就必定能拿下，所以这鸟的别名还可称作"武运鸟"。

来来，大伙儿瞅瞅！这大傻家伙跟小鸡仔儿似地来回扑扇着它那狂妄的大旗，鲁莽而没头没脑地吹破牛皮闭了嘴的模样。又被失败的绳索绑着啊，一副咋办呐玩儿完了，愣呵呵而又苦恼的样子。

还请诸位驻足好好看一看呐，参观费便宜到只要一钱〔日语中便宜一钱的发音和输了一战的发音相同，一语双关。日本象棋中，玉即王，就像中国象棋中的帅（将），"金"为金将，"桂"是桂马，"香"为香车。当下棋者手中有金桂香三枚棋子时，有个说法是"金桂香は唐（から）の鶏"，而"唐の鶏"即"錦鶏鳥"。〕

如果与日本各新闻社关于战争的报道评论、与画家久保田描绘的战争画报所呈现的战争认知相比较的话，锦绘画师们同样是以凸显支持和赞美日本国的战争这一政治叙事目的，在叙事内容的呈现上也一样以日本国象征、军官士兵"义勇奉公"以及战争胜利作为关键因素。从这些方面来看，绵绘画师们与严肃的新闻报道评论者、讲究艺术素养和审美的画家们一样，都是对日本国战争的"自觉"支持者与参与者。新闻报道评论虽然有所偏差，但仍以一定事实作为依据而诉诸理性；画家久保田虽然最终弱化其画家的艺术主体性身份而将其画作作为宣传工具，但仍以所见所闻为基础并以一定的严肃绘法技巧进行呈现。不同的是，战争期间锦绘画师们完全以想象与失真的方式进行锦绘画作，且往往将自身的情感好恶渗透进锦绘画作之中，锦绘画师们的画作可以让观赏者们直接感受到锦绘画师的情感好恶。换而言之，锦绘画师这种以自身情感好恶主导创作的行为会导致真实与想象的边界模糊不清，锦绘画师可以肆意赞美战争以及将嘲讽清国娱乐化，这会使得观赏者在情感上持续形成一种对杀戮的狂欢式娱乐，在观赏者的内心中形成杀戮上瘾式观赏体验。从这个意义上说，如果将上述日本思想家们对于战争的"义战论"式支持、日本各新闻社所代表的近代传媒的偏差性报道视为日本近代思想界上层结构出现问题的话，而误导日本民众对战争认知就多来自锦绘画师的影响，那么本就处于下层的锦绘的战争审美甚至加剧了日本民众对战争认知与战争审美的扭曲。

结　论

　　如果我们研究并反思近代中国、朝鲜在近代化改革迟缓并将之归结为近代中国、朝鲜内外交困的根本原因的话，那么同样我们也需要思考这样一个问题，即明治维新建立以后日本以西方国家为标准所建立的被贯之以近代的各种政治经济和社会制度给日本和其他亚洲国家究竟带来何种影响呢？一般意义上而言，明治维新改革被视为一场成功的改革，一场导入近代文明且促使日本社会进步的改革。其中以日本各新闻社为代表的近代传媒体系的建立，不光使得日本获取国内外信息以及加工信息的能力提高到近代先进水平，还通过其报道评论最终将社会身份各异的日本民众统一向日本国民身份认同转变。在日本新闻报道和评论等近代传媒的影响下，作为日本国民的民众一改对日本国内外事务漠不关心的旧态，情感上开始产生与日本国家的一体感，甚至能对日本国家的内外事务主动表达诉求。日本以各新闻社为代表的近代传媒及其受众范围日本民众就这样成为近代日本文明特征的重要体现。

　　但如本书最初梳理基本史实时所提出的那样，明治时代日本除了呈现出文明特征以外，以明治政府一再频繁发动的对外战争而论的话，对外暴力也是明治时代的基本特征。同样如本文已述，甲午战前和战争期间日本各新闻社通过报道和评论成为日本国（明治政府）发动战争的支持者和参与者，受其影响的日本民众形成了支持和参与日本国（明治政府）发动战争的国民"自觉"。因此，由日本各新闻为代表的近代传媒及其受众范围日本民众也是明治时代日本暴力特征的重要组成部分。为了对此进行探究，本书选取包括日本各新闻社、日本画家以及锦绘画师所构成的日本民间社会对战争的认知为研究对象，发现日本民间社会对战争认知和战争审美上所表现出的支持和赞美等主动诉求，标志着日本民间社会"自觉"成为明治政府战争机器的重要组成部分。在战争认知和战争审美的构建、呈现以及传播方面几乎是日本民间社会自我组织完成的。日本各新闻社在开战前通过偏差性的报道和评论构建所谓对清开战"合理""义战"论而成为鼓动开战者；战争期间画家久保田主动弱化其画家主体性身份甘愿使其画作成为宣传日本国战争的工具等这些都可明确视为日本近代传媒失去其观察者、记录者以及反思者的本质作用，反而主动成为战争的组成部分，日本各传媒失去了客观性、中立性，就意味着日本传媒近代性的失效。

在战争认知方面，日本近代传媒的失效，以及所呈现的自我推动和鼓动战争、评价和赞美战争，传导到其受众范围民间社会的时候，近代传媒客观性以及中立性的失效会进一步加剧对战争认知与战争审美的扭曲与荒谬化。作为各新闻报道和评论受众范围的锦绘画师们在构思锦绘的时候就是如此，锦绘画师肆意以想象和失真方式将其情感好恶直接渗透给日本民众，其所传递的战争审美会使得日本民众持续形成一种以杀戮为美、狂欢式战争娱乐以及杀戮上瘾式的情感体验。

被上述战争认知以及战争审美影响的日本民众不可避免地以此为依据，从而产生支持日本国战争的国民"自觉"。日本民众以日本国民身份在行动上所呈现出的参与和支持战争的"自觉"，这不是民众个体的行为，就民众个体而言，应该是在日常生活中不管是听闻附近或者遥远某地发生的杀人事件都会产生震惊情绪，并对受害者产生同情心。甲午战争期间，日本民众面对战争所直接带来的大量伤亡和灾难，日本民众本应对杀戮、暴力持有本能的惊恐、震惊和抗拒心理以及负面情感反应并没有表达出来，相反都"自觉"用日本国民身份用"义战"理性去理解和面对杀戮和伤亡，甚至产生对战争审美式的愉悦与满足。上述日本民众对残酷战争反应的失真以及描述战争感受的主体性的缺失，无疑是日本新闻界与日本出版界以歪曲和虚构的方式向日本国民传递战争认知和战争审美的结果。随着日本民众失去对战争的真实表达以及主体性丧失，反而以国民的身份从理智到情感上越来越支持和参与这场战争，最初由日本民间新闻和出版社虚构的战争认知所形成的支持和参与这场战争的"自觉"就最终成为日本国民的自觉了。而借助甲午战争使得日本民间社会形成的战争认知和战争审美并不会随着甲午战争的结束而结束，其所制造"义战"价值判断以及支持和参与日本国战争的依据，会使得日本民众从被动的"自觉"向主动的自觉转换，进而成为明治时代文明与暴力特征的深厚基础。

参考文献

译著

[1]龟井兹明.血证——甲午战争亲历记[M].高永学，孙长信，译.北京：中央民族大学出版社，1997.

[2]松本三之介.国权与民权的变奏[M].李冬君，译.北京：东方出版社，2005.

[3]陆奥宗光.蹇蹇录[M].赵戈菲，王宗瑜，译.北京：生活·读书·三联书店，2018.

日文著作

[1]德富蘇峰.大日本膨脹論[M].東京：民友社，1894.

[2]鹿島長次郎.日清戦争[M].東京：興文社，1894.

[3]三田村熊之介.日清戦争記[M].大阪：鹿田書店，1894.

[4]左氏壮吉.日清戦争義勇列伝[M].東京：栄進堂，1894.

[5]久保田米僊，久保田米斎.日清戦闘画報[M].東京：大倉書店，1894.

[6]浅井忠.従征画稿[M].東京：春陽堂，1895.

[7]志村友吉.日清交戦陸海軍義勇献納名誉記録[M].東京：苞光堂，1895.

[8]明治財政史編纂会.明治財政史：第二巻[M].東京：丸善株式会社，1904.

［9］徳富蘇峰.大正の青年と帝国の前途 [M].東京：民友社，1916.

［10］中山泰昌.新聞集成明治編年史：第五巻 [M].東京：林泉社，1940.

［11］福沢諭吉.福沢諭吉全集：第14巻 [M].東京：岩波書店，1961.

［12］内村鑑三.信仰著作全集：第24巻 [M].東京：教文館，1963.

［13］松下芳男.近代の戦争：第1巻 [M].東京：人物往来社，1966.

［14］内村鑑三.内村鑑三選集：第2巻 [M].東京：岩波書店，1990.

［15］琴秉洞.金玉均と日本 [M].東京：緑陰書房，1991.

［16］大濱徹也.庶民のみた日清戦争・日露戦争――帝国への歩み [M].東京：刀水書房，2003.

［17］新編弘前市史編纂委員会.新編弘前市史：通史篇4近現代1 [M].青森県：弘前市企画部企画課，2005.

［18］大谷正.描かれた日清戦争「久保田米僊.日清戦闘画報」[M].大阪：創元社，2015.

日文论文

［1］山室信一.近代日本における国民国家形成の諸相 [J].法制史研究，1984（34）.

［2］小林瑞乃.戦争開戦前夜の思想状況――暗殺事件をめぐる考察 [J].青山學院女子短期大學紀要，64.

［3］池山弘.愛知県に於ける日清戦争・日露戦争の軍資金・軍事物資献納運動 [J].四日市大学論集，14（1）.

［4］原田敬一.国権派の日清戦争―「九州日日新聞」を中心に―[J].文学部論集，（81）.

［5］池山弘.愛知県に於ける日清戦争従軍の軍役夫 [J].四日市大学論集，18（1）.

日文新闻

［１］錦絵の名手 [N]. 新聞雑誌，1874-9-28.

［２］仮名読新聞の錦絵付録発売禁止 [N]. 東京曙，1879-3-20.

［３］風俗を紊すものありと、錦絵出版厳重取締 [N]. 朝野新聞，1885-11-19.

［４］金玉均氏暗殺せらる [N]. 郵便報知新聞，1894-3-30.

［５］同胞兄弟の義侠心に訴ふ [N]. 郵便報知新聞，1894-3-31.

［６］金玉均の人と為り [N]. 萬朝報，1894-3-31.

［７］邦人米国で清国人に殺害さる [N]. 郵便報知新聞，1894-3-31.

［８］韓廷非日本主義の増長 [N]. 朝日新聞，1894-3-31.

［９］岩田周作——と金玉均変名の理由 [N]. 東京日日新聞，1894-4-3.

［10］金玉均の遺骸及刺客洪鐘宇を清艦で朝鮮に送る [N]. 東京日日新聞，4-11.

［11］対韓は対清の決心を要す [N]. 自由新聞，1894-4-11.

［12］戦 [N]. 自由新聞，1894-4-13.

［13］清人何ぞ敏にして、日人曷ぞ遅鈍 [N]. 時事新報，1894-4-13.

［14］金玉均の死屍に刑戮を加ふ 頭首四肢を各別に梟示 [N]. 東京日日新聞，1894-4-17.

［15］金氏遺骸の極刑 [N]. 朝日新聞，1894-4-18.

［16］金玉均暗殺事件、清国の使嗾歴然 [N]. 東京日日新聞，1894-4-20.

［17］何を以て彼の文化を進めん [N]. 朝日新聞，1894-4-20.

［18］金玉均処刑 惨たり其光景 [N]. 時事新報，1894-4-24.

［19］噫玉均 [N]. 自由新聞，1894-4-25.

［20］対韓の決心 [N]. 自由新聞，1894-5-2.

［21］東学党暴動の公報 [N]. 時事新報，1894-5-12.

［22］東学党の暴動全鮮に拡大、東学党檄文 [N]. 時事新報，1894-5-24.

［23］東学党暴動今や油断ならず [N]. 時事新報，1894-5-30.

［24］東学党事件に関する記事差止中に 帝国政府出兵の理由を発表 天津条約に据り日清両国互いに出兵を通知 [N]. 時事新報，1894-5-30.

［25］兵を朝鮮に出すべし [N]. 国民新聞，1894-5-31.

［26］東学党の乱 [N]. 自由新聞，1894-6-1.

［27］朝鮮は朝鮮の朝鮮に非ずである [N]. 自由新聞，1894-6-7.

［28］愛国心 [N]. 自由新聞，1894-6-17.

［29］一歩も仮借する勿れ [N]. 九州日日新聞，1894-6-17.

［30］清韓通謀事態急迫 韓国日本の撤兵を要請せんとし、危機遂に脱し難き情勢を誘発 [N]. 時事新報，1894- 6 -24.

［31］清国引続き増兵 [N]. 時事新報，1894- 6 -26.

［32］義勇兵の従軍志願 高知市より八百名 [N]. 時事新報，1894-6-26.

［33］広島第五師団 愈々出動 [N]. 時事新報，1894- 6 -28.

［34］清国は東洋和平の責任を忘却、其の行為飽までも非妥協、韓廷悔ゆれども今更及ばず [N]. 東京日日新聞，1894-7-3.

［35］新職業 新聞の号外売買 [N]. 時事新報，1894-7-23.

［36］財界有力者 酬金の相談 [N]. 時事新報，1894-7-30.

［37］清国假面を脱し海陸に兵を進む、戦意顕然＝公使急遽引揚 [N] 時事新報，1894-8-1.

［38］外見ばかりの清艦 内部は腐蝕朽廃 [N]. 郵便報知新聞，1894年7-29.

［39］陸軍最初の会戦成歓陥る 牙山の要害遂に憑むべからず [N]. 国民新聞，1894-8-4.

［40］清国人水道に投毒 [N]. 読売新聞，1894-8-4.

［41］煙草破竹を新製して 在韓兵に寄贈 市川団十郎が [N]. 時事新報，1894- 8 - 7.

［42］豊島沖の会戦 敵艦無法の発砲に帝国海軍已むなく 之に応戦す [N]. 国民新聞，1894-8-7.

［43］挙国衝天の意気を嘉させ給ひつつ 義勇兵の要なきを宣せ給ふ [N]. 官報，1894-8-8.

［44］戦争版画の大人気 [N]. 読売新聞，1894-8-9.

［45］戦争版画の大人気 [N]. 読売新聞，1894-8-9.

［46］松崎大尉戦死安城河畔の激戦 [N]. 読売新聞，1894-8-10.

［47］松崎大尉戦死 安城河畔の激戦 [N]. 読売新聞，1894-8-10.

［48］壮快の俚謡流行 [N]. 読売新聞，1894-8-16.

［49］看板の「清国」も抹消 [N]. 読売新聞，1894-8-16.

［50］久保田米斎の名誉成歓駅の戦を伯耆町揮毫 [N]. 国民新聞，1894-8-21.

［51］威海衛の清艦 我が挑戦に応せず [N] 時事新報，1894-8-21.

［52］日清戦争の油絵 造画館の塚本岩三郎作 [N]. 読売新聞，1894-8-23.

［53］基督教徒も国論喚起に起つ [N]. 郵便報知新聞，1894-8-30.

［54］間諜の大計画 [N]. 日本，1894年9月12日。

［55］清国兵負傷多し 但し川上の壮士劇で [N]. 時事新報，1894-9-16.

［56］黄海大海戦＝帝国海軍大捷 清国海軍再び起つ能はず [N]. 時事新報，1894-9-21.

［57］黄海大捷の詳報 [N]. 官報，1894-9-21.

［58］身は黄海の泡と消えて 英名千載に朽ちず [N]. 時事新報，1894-9-23.

［59］恤兵献品の総計 [N]. 時事新報，1894-9-23.

［60］赤城艦報告＝海洋島の大会戦 [N]. 時事新報，1894-9-28.

［61］平壌攻囲戦略 [N]. 時事新報，1894-9-28.

［62］玄武門及び牡丹台の攻撃 [N]. 東京日日新聞，1894-10-1.

［63］日本蝿「唐蝿」を逐ふ [N]. 読売新聞，1894-10-5.

［64］一死以て火薬庫の危険を護る、勇敢の水兵満身創痍の下より「定遠はまだ沈みませんか」[N]. 時事新報，1894-10-6.

［65］戦争美術　上野の秋を飾る [N]. 読売新聞，1894-10-24.

［66］九連城占領 [N]. 時事新報，1894-10-28.

［67］大連湾占領上陸して見ればまるで空家同然 [N]. 時事新報[N].1894-11-11.

［68］九連城附近の獲物 [N]. 時事新報，1894-11-13.

［69］不忍池の大海戦 [N]. 時事新報，1894-11-15.

［70］根津神泉亭の戦勝料理 [N]. 都新聞，1894-11-20.

［71］錦絵＝天覧に入る [N]. 国民新聞，1894-11-20.

［72］旅順口陥落 [N]. 時事新報，1894-11-24.

［73］慶應義塾の矩火行列 [N]. 時事新報，1894-11-27.

［74］日本兵の首級を床上に安置す、清人の野蛮度す可らず [N]. 時事新報，1894-12-4.

［75］東京市第一回戦捷祝賀大会、日比谷ケ原、二重橋前を埋め盡くした群衆、万歳を呼しつゝ上野祝祝賀会場に繰込む [N]. 時事新報，1894-12-11.

［76］錦絵＝天覧に入る [N]. 国民新聞，1895-11-20.

［77］写真従軍の亀井茲明伯歸朝 [N]. 毎日新聞，1895-1-11.

［78］軍人軍属に非ざる華胄界の貴公子戦場を馳駆して写真従軍、写真術発達史上記録さるべき亀井茲明伯 [N]. 報知新聞，1895-1-17.

［79］開戦の原因は清国官吏の腐敗 事あれば私腹が肥える [N]. 時事新報，1895-1-26.

［80］敵が最後の憑みも空しく、威海衛遂に陥落大清国都の脅威日に加はる [N]. 東京日日新聞，1895-2-2.

［81］英国の非文明日本を評する資格なし、米国公正の論断 [N]. 毎日新聞，1895-2-6.

［82］我聯合艦隊司令長官伊東中将が丁汝昌に與える勧降書 [N]. 東京日日新聞，1895-2-8.

［83］全国民の至誠報効茲にも顕然、軍事公債の応募、此の盛況 [N]. 時事新報，1895-9-15.

［84］錦画流行で品拂底 [N]. 読売新聞，1896-7-1.

［85］民衆を「国民」とした近代日本の原型 [N]. 日本経済新聞，2014-8-25.

日文数据库

［1］大英図書館所蔵日清戦争関係版画類数据库名称是 アジア歴史資料センター

后 记

　　在行文即将结束之际，蓦然回首，感慨良多。笔者在研读日本近代对外扩张历史中注意到学界对于日本民众与战争扩张之间的研究并不充分，因此一直想将此列为自己的研究课题。2017年有幸参加李广教授主持的国家社科基金重大项目"日本对华精神侵略民间史料收集、整理与研究"（17ZDA206），在李广教授的大力支持下，笔者决定以甲午战争期间日本民间的战争认知为研究对象，以此阐释日本民众与战争扩张的关系。在此对李广教授致以诚挚的谢意！

　　另外感谢长春师范大学的崔海波老师、吉林大学的安徽老师和浙江工商大学的徐磊老师，三位老师作为课题组成员承担了部分研究任务。还要感谢就读于吉林大学的王丹萍、董婉婍、庄苗苗、王志丰、于洋、姜今言、马钰等同学，这些同学认真地进行了翻译和书稿校对工作。

王玉强

2021年5月28日

于匡亚明楼研究室